U0520030

REBEL CITIES

from the right to the city to the urban revolution

叛逆的城市
从城市权利到城市革命

〔美〕戴维·哈维 著
叶齐茂 译
倪晓晖

商务印书馆
创于1897 The Commercial Press
2016年·北京

David Harvey

REBEL CITIES

From the Right to the City to the Urban Revolution

© 2012 David Harvey

All rights reserved

(中文版经作者授权,根据韦索出版公司 2012 年平装本译出)

中文版序

党的十八大提出了坚持走中国特色城镇化道路、工业化和城镇化良性互动、城镇化和农业现代化相互协调、促进城镇化与工业化、信息化、农业现代化同步发展、积极稳妥推动新型城镇化健康发展的战略决策。提出了深化社会主义市场经济体制、民主政治制度、文化管理体制、社会管理体制和生态文明制度等五个领域的改革总任务。在这个重要时刻，翻译出版美国著名地理学家、人类学家和马克思主义宣传家戴维·哈维教授的《叛逆的城市——从城市权利到城市革命》，可能对我们认识"城镇化"的一般属性、认识中国人口城镇化水平超过50%之后的发展以及社会主义市场经济条件下的城镇化，尤其是高举着中国特色社会主义伟大旗帜下所开展的城镇化，有所帮助。

随着国力的增强，国际影响力的不断扩大，我国已日益成为发达国家在方方面面关注的中心。我们的城市、城镇化和城市发展也成为国外学术界的焦点。不夸张地说，现在国外有关城市建设和发展的学术著作中，总会有关于中国城市的章节（例如本书）。当然，他们对中国城市问题的认识不可能完全正确，见解常常会有偏颇。但兼听则明，我们不妨虚心读一读，一定会利大于弊。

其实，我们对自己城市问题的认识也有不准确的时候。例如我们谈及最近北京市区和近郊出现的"雾霾"时，就笼统地说"北京的雾霾"。珍珠泉、古北口、栖霞、张房也是北京，可是那里并没有什么雾霾,更谈不上 PM2.5,倒是要谈谈 P250 的问题。所以,说"北京的雾霾"(16 800 平方公里)很不准确,说北京市区(1 379 平方公里)的雾霾要相对准确些。因为海淀的山后地区也没有多严重的空气污染。个别大使馆在三里屯测出的污染数据怎么可以代表北京(16 800 平方公里)呢?不可理解的是我们自己也说"北京的污染指数"。我们一些学者到了国外,常常以"中国通"或"北京通"自居,而传达给人家的信息却并非"中国的"或"北京的"。所以,人家对中国城市以及相关问题的误解也与我们有关。

实际上,中国城市的行政辖区面积之大,尤其是北京、重庆等直辖市的面积,欧洲人,甚至美国人都难以想象。最近我们在谈中国的城镇化,问题又出来了。苏南、浙南地区的城镇化能与中原地区或重庆的城镇化同日而语吗?更不用说格尔木了。关于这一点,外国人恐怕从未想到过。只有等我们自己认识到了,讲清楚了,他们才有可能明白。所以,不要笼统地言"中国",谈"中国的城镇化"。"顶层设计"是必要的,但是,具体问题具体分析也必不可少。苏南、浙南、深圳甚至北京远郊的人还要什么"城镇户口"呢?城里有工作,郊区还有一块宅基地,甚至还有几亩承包的果园,有什么不好?究竟谁在为城镇户口苦恼?恐怕只有土地部门。因为转了户口,就要把土地承包权、宅基地交出来了。关于这个中国特有的问题,外国人几乎都不可理解。

当然,看看外国学者如何看我们或我们关心的问题,还是会有收益的,因为他们毕竟生活在资本主义制度下,对市场机制的弊端刻骨铭心,并力图改良。在《叛逆的城市》一书中,戴维·哈维以《资本论》为基础,采用他所认定的——并由他发展了的马克思主义的立场、观点和方法,对资本主义市场经济条件下的城镇化,尤其是目前在西方国家盛行的新自由主义经济意识形态支配下的城镇化做了一系列批判。这本书也许会对我们认识目前亟待解决的社会主义市场经济条件下的城镇化问题有所启迪。至少可以敦促我们重新学习《资本论》、《政治经济学批判大纲》,尤其是其中有关资本积累、资本流通、信用制度及其虚拟资本、地租以及垄断地租的论述。对社会主义市场经济条件下的城镇化作出马克思主义的解释,进而探索如何以社会公正和生态友好的方式,把城镇化、工业化和农业现代化协调起来。

戴维在本书第二章"资本主义危机的城市根源"中提出了这样的判断——贯穿于整个资本主义历史,城镇化从来都是吸收剩余资本和剩余劳动力的关键手段,城镇化凭借不断变更空间和场所的使用功能,实现空间垄断及其垄断地租(第四章),进一步推动资本积累。所以,城镇化对资本积累发挥着至关重要的作用,是资本积累过程中不可缺少的部分。这一对资本主义城镇化的判断是否适用于社会主义市场经济条件下的城镇化呢?在这本书里,戴维还从历史角度证明,创造和建设空间场所的活动最初是用来消除过度积累状态的。然而,从长时期角度来看,它常常会面临重复出现极度积累的风险。所以,城市和其他形式的基础设施投资都具有易发生危机的特征。这一资本主义市场经济条件下城镇化过程中出现的教训在我们社会主义市场经济条件下是否可以避免呢?

戴维在本书第一章"城市权利"(包括他自己撰写的前言"亨利·列斐伏尔的展望")中提出了这样的命题,"城市权利是一种按照我们的愿望改造城市同时也改造我们自己的权利"。他认为,我们现在所阐述的人权概念大部分是以个人权利和私人物权为基础的,没有从根本上去挑战霸权自由主义和新自由主义的市场逻辑,没有从根本上去挑战新自由主义的合法性和国家行动的模式。所以戴维在本书中探索了资本主义迄今为止忽略最多的人权之一,"城市权利"

这一集体权利。因为,城市人在建设城市中一直都在间接地重新创造着自己,或者说,强大的社会力量所推动的城镇化过程正在不断地改造着我们。所以,回答我们要生活在一个什么样的城市里这样一个问题时,我们就必须回答,我们究竟要做什么样的人,我们寻求什么样的社会关系,我们与我们钟爱的自然处于何种关系,我们希望以何种生活方式来生活,我们认为什么样的技术是适当的,我们坚持何种美学价值观念等等。从中可以看出,城市权利远远超出我们所说的获得城市资源的个人权利。不仅如此,改变城市不可避免地依赖于集体权力在城镇化过程中的运用,所以"城市权利"是一种集体的权利,而非个人的权利。城市权利即是对城镇化过程的某种控制权,对建设城市和改造城市方式的某种控制权,从根本上和以激进的方式来实现对城市的控制权。我认为,戴维的这些观点对我们思考如何改革城市发展的民主政治制度会有很大的帮助。我们的市民们在争取城市规划管理的参与权、知情权和监督权的同时,是不是也需要改造自己呢?例如,能不能不要把汽车停到人行道上,能不能在户外少挂一个空调呢?

戴维在本书第三章"创造城市共享资源"中提出了一个很值得思考的"尺度"问题。人行道和空气都是城市的共享资源,然而尺度是不一样的。我们可以有阻止人行道、街头公园、甚至故宫、颐和园等私有化的社会管理办法,但管理好北京的空气质量,则需要其他的社会管理方式。同样,管理好一个"圈起来的大院"的办法也未必适用于管理胡同。戴维认为,单纯使用"自治"或"非政府"的方式是不可能解决城市共享资源私有化问题的,因为共享资源问题背后是社会和政治利益的冲突。在戴维看来,共享资源并不是一种特定的事物、特定的资产甚至特定的社会过程,而是一种不稳定的且可以继续发展的社会关系。在实际中,存在着一个创造共享资源的社会实践,这个实践产生或建立起一种共享资源的社会关系。这个共享资源的使用或是专属于一个社会集团，或是部分以至于全部向所有人开放。创造共享资源实践的核心是，社会集团和作为共享资源对待的环境之间的关系将是集体的和非商品化的，不受市场交换和市场估价逻辑的限制。也许我们会有些不习惯戴维的话语体系，例如阶级斗争等等。他认为，城市生活质量也已经成为了一种有钱人的商品。后现代主义热衷于鼓励在城市生活方式和消费习惯上形成细分的市场，对文化形式和周边环境情有独钟。主张在市场中，只要有钱，就可以自由选择当代城市生活的各种氛围。购物中心、购物综合体和量贩商店激增，快餐店、手工艺品市场、精品文化等也是如此。在这个世界里，新自由主义伦理能够成为人格社会化的模板。这种新自由主义伦理采用个人主义的立场，具有强烈的占有欲，与从政治上撤销对集体行动的支持同源。但是，戴维问得很好，你站在哪一边？你希望保护哪一种公共利益和依靠什么方式来保护你希望保护的公共利益？难道在社会主义市场经济条件下发展我们的城市时，就没有这一类问题吗？

戴维在本书第四章"地租的艺术"中，讨论了使用文化生产和文化产品获取垄断地租的办法。戴维的基本判断是，寻求垄断地租并不只局限于房地产开发、经济目标和政府财政。许多垄断地租是建立在对历史的叙述、集体记忆的解释和意义，以及重要的文化实践等基础之上的。如果独创性、真实性、特殊性和一种特定文化的审美观是获得垄断地租的基础，那么历史积淀下来的文化、特定建筑的社会的和文化的环境特征，最能获得垄断地租。因此他认为，无差异的与其他国家建筑环境"接轨"（如武汉打算建设的 600 米高的摩天大楼）或"迪斯尼化"（前门的改造似乎有这个倾向）的建筑环境，并不一定会带来垄断地租。戴维把历史积淀下来的文化和特定建筑的社会的和文化的环境特征称之为"集体符号资本"。我认为戴维从获得垄断地租的角度提出城市文化问题，值得我们思考。

我们高举的是中国特色社会主义的伟大旗帜，当然也不允许市场机制的弊端为虎作伥。但是实事求是地讲，我们对市场机制弊端的认识不如西方学者，如本书作者戴维·哈维。对于如何在市场机制下搞城镇化、编制城市规划、控制城市建设，等等，我们毕竟还是新手。《叛逆的城市》涉及对城镇化属性的深层次思考。期望读者能够从中收获一些新的思路、新的思考角度，弄清究竟何为中国城镇化的特色。

叶齐茂

2013 年 3 月

献给德尔菲娜和五湖四海的毕业生们

目 录

前言　亨利·列斐伏尔的展望 ……………………………………… i

第一部分　城市权利

第一章　城市权利 …………………………………………………… 3
第二章　资本主义危机的城市根源 ………………………………… 27
第三章　创造城市共享资源 ………………………………………… 68
第四章　地租的艺术：全球化、垄断和文化的商品化 …………… 90

第二部分　叛逆的城市

第五章　开拓反资本主义斗争的城市 ……………………………… 117
第六章　伦敦 2011：野蛮的资本主义扑向街头 …………………… 157
第七章　占领华尔街：华尔街党遇到了它的复仇者 ……………… 160

致谢 …………………………………………………………………… 166
参考文献 ……………………………………………………………… 168

前言　亨利·列斐伏尔的展望

20世纪70年代中期,我在巴黎看到过一张"环境保护主义"的海报,这张海报描绘了巴黎的另外一种远景。老巴黎的街区生活被重新赋予生机:凉台上摆放着鲜花,广场上人头攒动,有大人,有孩子,小店铺和作坊大门敞开,咖啡飘香,喷泉潺潺,人们尽情欣赏着塞纳河的美景。社区花园星星点点,跃然纸上(当然这也许只是我的记忆)。很显然,人们正在享受着交谈或是烟斗带来的愉悦(我参加过一个环境保护主义者的街区集会,房间里烟雾缭绕,让我吃了不少苦头。当然那时抽烟斗还是一种习惯,还没有被妖魔化)。"环境保护主义"是一个激进的社区运动,它的目标是创造一种更接近生态的城市生活。我很喜欢"环境保护主义"的这张海报。许多年过去了,我的这张海报千疮百孔,只好扔掉了。我真希望还能再找回来!人们应该重新印刷这张海报。

老巴黎与新巴黎的反差是巨大的,日益浮现出的新巴黎这些居民将"不支持"正在吞噬着老巴黎。意大利广场周围高耸的建筑"巨人",和可怕的蒙帕纳斯大楼携起手来,正在向老巴黎进军。在左岸计划兴建高速公路,在巴黎第13区和郊区建设起毫无灵魂可言的高层公共住宅(政府管理租金的公共住宅,HLMs),街上充斥着价格被垄断的商品,曾经围绕着马莱区小手工艺作坊的那些生机勃勃的街区生活已经完全解体。贝尔维尔的建筑正在坍塌,环绕着孚日广场的那些杰出的建筑物则日渐湮没于周边街道。我看到过另外一幅漫画(巴特里尔(Jean-François Batellier)的),描绘了一台联合收割机正在摧毁和啃噬巴黎所有的老街区,随之而来的是成排的由政府管理租金的高层公共住宅。我把这幅漫画作为《后现代状况》(The Condition of Postmodernity)一书中的关键插图。

自20世纪60年代初,巴黎一直处于生存危机之中。旧巴黎不可能永远存在,而新的巴黎似乎又太可怕了,没有灵魂,也没有思想。让·吕克·戈达尔1967年的电影《我所知道的她的二三事》非常完美地捕捉到这种感觉。这部电影讲述了一些每日从事卖淫的母亲们,她们这样做既出于无聊又缘于对生活的需要。影片的时代背景是美国公司的资本入侵、越战(越南战争本来是法国的事情,却被美国人接手)、高速公路和高层建筑的建设高潮以及充斥巴黎街头巷尾的一种完全不经思考的消费主义。戈达尔的哲学是一种困惑的、惆怅的维特根斯坦初期形式对后现代主义的哲学,他认为我们不可能在自我或社会的中心把握住任何东西。当然,这并非我的观点。

也就是在这一年,1967年,亨利·列斐伏尔撰写了关于"城市权利"的开创性文章①。列斐伏尔认为,这个权利既是一种哭诉,也是一种诉求。哭诉是对巴黎日常生活逐渐凋敝的痛苦反应。诉求是擦

---

① 除了戴维·哈维之外,法英斯坦也是使用"城市权利"的众多当代城市规划和城市研究的思想家之一。她认为,列斐伏尔的"城市权利"中提出了"谁拥有城市的问题,拥有不是个人直接拥有一份物业意义上的拥有,而是每一个群体集体意义上是否能够获得就业和文化,居住在一个合适的住宅里,拥有适当的生活环境,获得满意的教育,获得个人的社会保险,参与城市管理"。列斐伏尔提出的"城市权利"概念是时间和地点的产物,即20世纪60年代的巴黎。当时,巴黎的工人阶级和移民发现他们被逐渐排挤到巴黎的城市边缘,甚至再也不能接近城市。列斐伏尔的"城市权利"涉及社会空间分化和功能分离。实际上,他的意见反映了当时法国和巴黎的社会现实。列斐伏尔"城市权利"的思想受到了城市规划技术专家的强烈批判。也正是在这种批判中,列斐伏尔关于"城市权利"的著作才引起人们的关注。那些城市规划专家把城市看作机器,认为城市是由相互分离的具有可设计的功能和定量属性的部件组成。尽管"城市权利"起源和发展于巴黎特殊的社会背景下,但是"城市权利"与当时其他地方希望建立公正空间的社会呼声是一致的。列斐

亮眼睛去观察这场危机并建设另一种城市生活的指令。这种城市生活会减少一些疏远，更有意义更有生机。同时，这种城市生活依然存在着矛盾冲突和辩证统一（既有担忧又有愉悦），存在着对未知世界的不懈追求，所以这种城市向未来敞开着大门。

我们学者们在重建思想谱系上可谓当之无愧的专家。所以，在列斐伏尔这个时期的文献中，可以从这里挖掘出一点海德格尔（Heidegger），那里发现一点尼采（Nietzsche），在其他地方找到一点傅立叶（Fourier），以及对阿尔都塞（Althusser）和福柯（Foucault）的隐晦的批判。毫无疑问，马克思给列斐伏尔提供了强有力的思维框架。我们随后可以看到，这篇文章具有某种政治意义。实际上，这篇文章是专门为《资本论》第一卷发表100周年纪念而做的。然而，我们学术界常常遗忘了从身边街头产生出来的感受所发挥的作用。因拆除引起的失落感；当成片地区重建（如莱斯黑尔斯）或整个小区突然不知从哪里冒了出来；以及关于这个或那个观点在街头示威引起的兴奋或是烦恼；当移民群体把生活重新带回街区时（在第13区政府管理租金的公共住宅群中建设起来的那些越南餐馆），人们心中燃起的希望；或因边缘化而产生的忧郁和绝望；警察的镇压以及陷于日益扩

接上页注：
伏尔批判了规划的特殊形式，以致他的著作推动了多种规划改革。许多城市规划和城市研究领域的思想家们继续深入地探讨"城市权利"的内在涵义，已超出了这个概念产生的最初的社会背景，这些学者还汲取了列斐伏尔有关空间的政治学和社会公正的观念。列斐伏尔认为，空间不仅仅是社会关系的表现，也深刻影响着社会关系。所以，改变不公正和不平等的现象必须改变空间。"城市权利"概念的基础是，社会公正一定与城市空间的权利有关。列斐伏尔的"城市权利"的概念之所以重要，是因为"城市权利"不是关于国家的公民的权利，而是关于城市的市民的权利，是在城市空间分配和创造中，提出、声明和更新的群体的权利。在这里，"城市权利"不仅仅涉及获得城市的形体空间，同时也涉及获得城市生活和参与城市生活的更为广泛的权利，涉及平等使用和塑造城市的权利，居住和生活在城市的权利（列斐伏尔，1996，p. 173）。——译者注

大的失业中无所事事而又一直被无视的青年们。这些在没有灵魂的郊区中最终成为动荡而不安定的因素。

我确信,列斐伏尔深刻地感觉到了这一切——我之所以这样说,不仅仅是因为列斐伏尔早期迷恋过情境主义以及他们在理论上与城市地理心理学的联系,而且因为列斐伏尔对巴黎和巴黎城市发展的接触。只要走出他在朗布提阿大街的公寓大门,他想感受的东西可以尽收眼底。所以我认为,在1968年5月的"突然爆发"(以后列斐伏尔用此来表达1968年的巴黎事件)之前写出"城市权利"的意义非同一般。在"城市权利"的描述中,"突然爆发"不仅是可能的,而且几乎是必然的(列斐伏尔当时在楠泰尔发挥了他的一点作用)。在对巴黎1968年运动的一系列反思中,人们一直很少重视这场运动的城市根源。我猜想,城市社会运动——例如"环境保护主义者",以错综复杂的方式(如果不是以地下的方式)帮助形成了巴黎1968年反抗的政治和文化诉求。虽然我无法证明,只是猜想,当赤裸裸的资本在商品拜物主义、利基营销、城市文化消费主义中把自己伪装起来时,在"68年事件"之后实施绥靖政策的时期,城市生活中因"68年事件"产生的文化转变发挥了不小的作用(例如,让·保罗·萨特(Jean-Paul Sartre)和其他人一起创建的报纸《解放》从70年代中期逐步向文化激进的和个人主义方向转变,但在政治上却表现出不冷不热的态度,并非与极左和集体主义政治对着干)。

我之所以提出这些看法,原因是过去10年以来,"城市权利"的观点又有了一定程度的复苏,但这并不意味着我们必须转向列斐伏尔的思想遗产(尽管列斐伏尔的思想遗产也很重要)。在城市社会运动中,街头巷尾发生的事情比思想遗产更为重要。我敢断言,作为一个辩证地、内在地批判城市日常生活的思想家,列斐伏尔也会同意这一点。例如,20世纪90年代,由于巴西新自由主义化和民主化之间的冲突,产生出2001年巴西宪法中若干保障城市权利的条款,这一事实必须归因于民主化进程中城市社会运动的力量和影响,尤其是围绕住宅展开的城市社会运动。这一宪法也帮助统合和推进了"叛乱公民"——由詹姆斯·霍尔斯顿(James Holston)提出——的积极意义。但这件事与列斐伏尔的思想遗产没有什么关系,与正在进行的由谁来决定城市日常生活质量的斗争却须臾不可分离。[1]自20世纪90年代初期以来,新自由主义的国际资本主义不断加强对日常生活质量的进攻,一些人寻求对粗暴的新自由主义的国际资本主义做出回应。"参与式预算"即一般市民通过民主决策程序直接参与市政预算分配,它的启用的确很鼓舞人心,这也与那些努力做出回应的人们有着不可割舍的联系。所以在"世界社会论坛"所在地巴西阿雷格里港发展出这种"参与式预算"模式并不奇怪。

另外一个例子是2007年6月在亚特兰大举行的"美国社会论坛"。他们把各式各样的社会运动聚集到了一起,决定组织一个国家层次的"城市权利联盟"(纽约和洛杉矶等建立行动分会)。巴西出现的城市社会运动对"美国社会论坛"组织美国的"城市权利联盟"有所启发,但是他们基本上不知道列斐伏尔的名字。经过多年针对自己的特殊问题(无家可归者、城市中心区改造和搬迁、因贫穷和社会分化导致的犯罪,等等)所做的努力,他们独立得出了这样的结论。作为整体城市所做的斗争,主导着他们各自的特殊斗争,聚集在一起更有利于斗争的发展壮大。如果我们能够在其他地方找到类似的社会运动,这也并非是因为这些社会运动遵循了列斐伏尔的观念,而是因为列斐伏尔的观念和他们的观念一样,基本上都源于疾病缠身的城市街头和街区。最近的一次报告显示,城市权利运动开展于世界几十个城市,定位和方向多种多样。[2]

所以,我们可以这样统一认识:城市权利这个观念基本上不是源于各式各样的思想火花和一时的风尚(虽然如我们所知,我们周围的确存在着许多这样的思想火花)。城市权利这个观念基本上源于城市的街头巷尾、城市的街区,城市权利是受压迫人民在绝望时刻寻求帮助和寄托的一种哭泣。学者和知识分子们(如葛兰西(Gramsci)所说的既传统又接近自然的)会对这种哭泣和诉求做出回应吗?对列斐伏尔如何做出回应的研究无疑是有益的,但这并不是因为列斐伏尔的回应提供了解决问题的蓝图(我们的情况已不同于20世纪60年代的情况,孟买、洛杉矶、圣保罗和约翰内斯堡的街头也不同于巴黎的巷尾),而是因为列斐伏尔在内在的批判探索时所采用的辩证方法,能够为我们提供一种启发性的思维模式,来对待这种哭泣和诉求。

列斐伏尔,尤其是他在1965年发表《巴黎公社》(The Paris Conmune)(这本书在某种程度上受到情境主义者相关论题的启发)之后,非常清楚地认识到,革命运动常常体现于城市层面,即使不是每次都是。这种认识让他与共产党产生了一定分歧,因为后者认为,以工厂为基础的无产阶级是革命性变革的先锋力量。在马克思《资本论》发表100周年纪念会上,列斐伏尔提交了《城市权利》这一论文,一定是想对传统的马克思主义思想提出自己的质疑。尽管传统的马克思主义把巴黎公社看作共产主义运动史中的一个中心事件,但从来没有在革命战略中考虑到城市的重大意义。

列斐伏尔在他的这篇文章中始终用"工人阶级"作为革命变革的执行者。这里,列斐伏尔暗含了革命的工人阶级是由城市工人组成的,而不仅仅是由工厂的工人组成的。之后,列斐伏尔提出,由城市工人组成的革命的工人阶级是一种特殊的阶级形式——分散且分割开来、具有不同的阶级目标和需求、频繁流动且没有组织、易变而非固定不变。我一直赞同列斐伏尔的这个论点(甚至在我阅读列斐伏尔的文献之前)。之后在城市社会学方面(最著名的是一个从列斐伏尔游离出的前弟子,曼纽尔·卡斯特尔(Manuel Castells))继续扩展了这个观点。但是,大部分传统的左翼人士始终难以解决城市社会运动的革命潜力问题。城市社会运动常常被认为是解决个别问题而不是一般问题的改良主义运动,所以,城市社会运动既不是革命的,也不是地道的阶级运动。

因此,列斐伏尔的讨论和我们中一些人寻求从革命的而非改良的角度提出城市权利,两者之间存在一定的延续性。当然,我们的时代更加强了对列斐伏尔命题背后的理论性探索。在大部分高级资本主义世界里,工厂或消失,或缩小,传统的产业工人大幅减少。更多的是由没有保障、常常非全职就业且没有组织起来的低工资劳工,承担起重要的不断扩张的建设以及维系城市生活的劳动。所谓"不稳定的无产阶级"(Precariat)已经替代了"无产阶级"(Proletariat)。① 如果在我们的时代真有任何革命运动的话,至少在我们这一部分世界里(不同于正在工业化的中国),一定不能忽视这种具有问题且无组织的"不稳定的无产阶级"。这样一些完全不同的群体如何自我组织起来成为一种革命力量,是一个很大的政治问题,其中包括了要认识他们哭泣以及诉求的起源和性质。

我不能确定,列斐伏尔会对"环境保护主义"海报上的描述做出怎样的反应,他可能会像我一样,对这个有趣的情境发笑。但是,从《城市权利》(The Right to the City)到《城市革命》(La Révolution Urbaine)(1970),列斐伏尔有关城市的观念表明,他会谴责对一个子

---

① "precariat"可能是学者们最近为了解释这种特殊社会人群而造出来的一个新词。这个词是由"prec"和"ariat"两个部分拼起来的。"prec"是"不稳定"的意思,"ariat"则是"无产者"的意思。所以,我们暂且把"precariat"译作"不稳定的无产阶级"。当然,戴维已经详细描述了这个词所特指的社会人群的基本特征:没有保障的,常常是非全职,且没有组织起来的,分布在广泛行业中的低工资劳工。——译者注

虚乌有的城市寄托思念的海报。列斐伏尔的核心结论是，我们曾经知道的和想象过的城市正在快速消失，且不可复原。我同意这一点，而且我比起列斐伏尔更明确地提出了这个论断。列斐伏尔几乎没有刻意描绘过，那些他欣赏的过去的城市里（托斯卡纳的那些意大利文艺复兴时期的城市）普通百姓凄凉的生活状况。列斐伏尔也没有详细说明过这样一个事实：在1945年，大部分巴黎人还生活在破败的街区里。在那些条件恶劣的住宅里，他们冬天挨冻，夏天受热，甚至还没有自来水龙头。至少到了20世纪60年代，巴黎才完成了这项必不可少的城市公共服务建设。当时的问题是，由法国集中计划管理的国家以官僚方式来组织和执行城市建设，没有一丝民主之风或想象力，仅仅把阶级特权和统治关系镌刻在这座城市特有的建筑环境上。

列斐伏尔也看到，城市和乡村间的关系正在发生着巨大的变革，传统的农民消失了，乡村正在城市化。在人与自然的关系上，采用一种新的消费主义方式（周末和度假的选择由原来的乡村变为草木葱茏、蔓延扩展出的郊区），在农产品对城市市场的供应上，采用资本主义的生产至上的方式（与其对立的是自我维持的农民式农业生产）。而且，列斐伏尔也预见到，这种乡村城市化过程一定会在全球范围内发展。在这种条件下，城市权利（作为一个特定的东西或能够定义的对象）这个问题，必将被城市生活权利这样一种模糊的问题所替代。后者在他的思想中，逐渐演变为《空间的生产》（*The Production of Space*）(1974)的权利这样一个更为一般性的问题。

在世界范围内，城乡差别消逝的步伐有所不同。但毋庸置疑，城乡差别正朝着列斐伏尔预见的方向发展。中国极度紊乱的城市化就是一个很好的例子。居住在乡村地区的人口比例从1990年的74%减少到2010年的50%，而在过去的半个世纪内，重庆市人口增加到了3 000万。在城乡差别消逝还远未完成的全球经济中，虽然存在着大量的剩余空间,但迅猛发展的且不同传统的城市化生活正在吸收着巨大规模的人口。

这就提出了一个问题:宣称城市权利实际上就是宣称对一种不复存在的东西的权利(如果这个东西曾经真正存在过的话)。进一步讲,城市权利只是一个空空如也的符号,取决于谁给它填充上意义。金融家和开发商可以宣称城市权利,他们有权利这样做。但是,无家可归者和非法移民也能这样做。当我们承认马克思在《资本论》所说的"在平等的权利之间,力量起决定作用"时,我们就不可避免地要面对这样一个问题——我们正在认同哪些权利?定义权利本身就是一个斗争目标,这场斗争必将伴随着实现它的斗争。

肆虐的资本主义开发已经摧毁了传统城市,过度积累的资本推动着不顾社会、环境和政治后果,无休止蔓延的城市增长。城市成为永无止境地消化过度积累资本的受害者。列斐伏尔提出,我们的政治任务就是构思和重建一种完全不同的城市,它不再重蹈全球化、城市化资本横行所造成的可怕的困境。但这需要我们创造出一场旨在改变城市日常生活的,充满活力的反资本主义运动。

正如列斐伏尔从巴黎公社史中了解到的那样,在一座城市实行社会主义、共产主义或无政府主义是一个不可能完成的任务。资产阶级的力量很容易就可以包围这座城市,他们可以不必入侵和屠杀所有的抵抗者,他们只要切断供给线,让城市处于饥饿状态就可以达到目的(1871年的巴黎就是如此)。但是这并非意味着我们不能把城市作为孕育革命观念、革命理想和革命运动的摇篮。只有当政治斗争集中到作为主要劳动过程的城市生活的生产和再生产上时,其产生的革命冲动才有可能发展为彻底改变日常生活的反资本主义斗争。建设和维持城市生活的人们最先有权利对他们参与生产的城市生活提出诉求。他们的诉求之一是,他们拥有把城市建设得更符合他们心愿的权利。只有认识到这一点,我们才能达到一个合情合理的城市政治策略。列斐伏尔的文中似乎在说,"那座城市可能逝去了",但是,"那座城市永远在人们的心中"!

对城市权利的追求是对一个幻象的追求吗?就纯物质方面而言,确实是这样的。但是,远景和实践同样都在推动政治斗争。"城市权利联盟"中的成员群体多种多样:有色人种社区里的低收入租赁者,他们正在争取能够满足他们愿望和需要的开发;无家可归者,他们组织起来争取他们获得住房和基本服务的权利;女同性恋者、男同性恋者、双性恋者、变性者、怪人(LGBTQ)①的有色人种青年,他们在争取安全的公共空间。在他们给纽约设计的这个集体的政治平台上,这个联盟寻求有一个更为清晰和宽泛的对于公众的定义——公众不仅能够真正使用所谓的公共空间,而且有权利去建设用于社会化和政治行动的新的共享空间。"城市"这个术语历来具有标志和符号的作用,它深藏于对政治意义的追逐中。"上帝之城","山上的城市","城市与市民的关系",作为乌托邦追逐目标的城市,作为时空秩序永恒变动之中一个独特归属地的城市,所有这些都赋予了城市一种政治意义,进而形成了一个决定性的政治假想。而列斐伏尔的观点是,在本身就充满了各种可能性的城市中,已经存在各种各样的实践了。这里,列斐伏尔的确与情境主义结成了盟友。

列斐伏尔的异质空间概念(完全不同于福柯的异质空间概念)提出了有限的可能性社会空间,在这种空间里,"不同的东西"不仅是可能的,而且是确定革命途径的基础。这种"不同的东西"不一定源于一个有意识的计划,更可能只是源于人们的行动、感觉和感受。人们把"不同的东西"表达为他们在日常生活中所追寻的意义。正是由于这种实践不断地

---

① LGBTQ 是"L"esbian、"G"ay、"B"isexual、"T"ransgender、"Q"ueer 的缩写。——译者注

创造出各种异质空间,我们并不需要等待一场大革命去构造这样的异质空间。列斐伏尔的革命运动理论恰恰相反:当完全不同的异类群体,在某个瞬间,突然发现集体行动有可能创造出根本不同的东西时,在一个"突然爆发"的时刻,"不同的东西"自发地聚集到了一起。

列斐伏尔在他的研究中,把这种聚集作为核心性的象征。传统的城市核心性已经被摧毁了,但仍然存在着恢复城市核心的愿望和冲动。这些一次又一次的运动产生了深远的政治影响,正如我们最近在开罗、马德里、雅典、巴塞罗那,甚至威斯康星州的麦迪逊和纽约市的祖科蒂公园所看到的。还有其他的方式和别的地方能够让我们走到一起,发出我们集体的哭诉,表达我们集体的诉求吗?

然而,正是在这个城市核心上,城市的革命浪漫主义撞上了列斐伏尔认识到的资本主义现实和资本的权力。任何自发的另类的梦幻时刻都是转瞬即逝的;如果在这个大潮中没有捕捉到这个梦幻,梦幻即成为过去(正如列斐伏尔在1968年巴黎街头亲眼目睹的一样)。这一点也适用于孕育革命运动的不同的异质空间。在《城市革命》中,列斐伏尔保持了异质(城市实践)与同质(与资本主义和国家相伴的合理化的空间秩序)相冲突的观念,以及异质(城市实践)与作为愿望存在的乌托邦相冲突的思想。他提出,只能在发展中认识"同质—异质的差异……混乱的团体建造起异质的空间,社会的主导实践最终会收回这种异质空间"。

列斐伏尔非常清楚社会主导实践的强势和权力,所以不愿承认这些实践的最终任务是通过更大规模的革命运动来根除自身,必须推翻和替换处在永恒的资本积累中的整个资本主义制度以及与此相关的剥削阶级和国家权力体制。主张城市权利只是实现这个目标的中点。虽然看起来是很合适的一条路,但主张城市权利本身绝不是此行的终点站。

第一部分
城市权利

第一章 城市权利

我们生活在一个人权理想已变成政治和伦理中心的时代。为了建设一个更加美好的世界，我们使用了大量的政治资源来推进、保护和阐述多种人权的重要性。我们所阐述的人权概念大部分是以个人权利和私人物权为基础的，没有从根本上去挑战霸权自由主义和新自由主义的市场逻辑，也没有从根本上去挑战新自由主义的合法性和国家行动的模式。从根本上讲，我们生活在私人物权和追求利润要高于所有其他权利的世界里。当然，在劳工、妇女、同性恋者、少数民族权利日益凸显的时期（长期存在的劳工运动，例如20世纪60年代美国发生的民权运动即是集体性质的，并且在全球产生了共鸣），的确会时常出现一些人权理想向集体人权方向转变的情况。这类为获得集体权利的斗争有时也会获得一定的成果（如妇女和黑人成为美国总统选举的真正参与者）。

现在，人们对亨利·列斐伏尔有关城市权利的观念重新产生了兴趣，在世界范围内出现了对这种权利提出诉求的各种社会运动。基于这样的理由，我打算在这里探索这一类集体权利，即城市权利。如何来精确地解释这种权利呢？

城市社会学家罗伯特·帕克（Robert Park）曾经提出，城市是"人类最始终如一坚持的，并基本上最成功地按照他的愿望去改造他所生活世界的尝试。另一方面，如果这个按照人的愿望改造而成的城市是人所创造的世界，那么这个城市也注定是人要生活的那个世界。这样,城市居民在没有明确意识到改造城市也是在改造自己的情况下,在城市建设中间接地改造了自己"。[1] 如果帕克的看法是正确的,那么,在我们回答我们要生活在一个什么样的城市里这样一个问题时,就不能不回答以下这类问题:我们究竟要做什么样的人?我们寻求什么样的社会关系?我们与我们钟爱的自然处于何种关系?我们希望以何种生活方式来生活?我们认为什么样的技术是适当的?我们坚持何种美学价值观念等等。从中可以看出,城市权利远远超出我们所说的获得城市资源的个人的或群体的权利,城市权利是一种按照我们的期望改变和改造城市的权利。另外,改变城市不可避免地依赖于城市化过程中集体力量的运用,所以,城市权利是一种集体的权利,而非个人的权利。我在这里提出的讨论命题是,建设改造自己和自己城市的自由是最宝贵的人权之一,然而,也是迄今为止被我们忽视最多的一项权利。我们如何才能最好地行使这种权利呢?①

正如帕克所说,因为我们一直没有明确地意识到我们在改造城市的同时也在改造着自己,所以首先应该仔细思考,在推动城市发展的整个历史过程中,强大的社会力量是如何创造和改造我们的。例如,过去100年来令人惊叹的城市化步伐和规模显示,在完全不知道原因和过程的情况下,我们已经被改造过许多次了。这100年来的城市化有利于人类的福祉吗?过去100年来的城市化让我们成为了

---

① 哈维在这里明确地把"城市权利"定义为一种按照我们的期望改变和改造城市的集体的权利。与此相关,哈维还提出了另一个重要观念——我们在改造城市的同时也在改造自己。实际上,哈维的这个观念源于马克思主义,人类在与自然界的不断斗争中,不断地改造自然,同时也不断地改造着人类自己,改造着人们彼此间的关系。马克思在《1844年经济学—哲学手稿》(人民出版社,1979)对此做过深入的阐述,特别是其中"异化劳动"一节、"对黑格尔辩证法和一般哲学的批判"一节,都是我们深入理解哈维有关城市如何变成了城市建设者对立物这一观念的理论基础。——译者注

第一章　城市权利

更好的人？还是让我们在一个反常的、异化的、愤怒的和令人沮丧的世界中徘徊？我们是否仅是城市沧海中的一粟？19世纪各种社会评论家，如恩格斯和西美尔（G. Simmel），实际上也都关注过这些问题，他们对迅速城市化中显现出的城市人格提出了远见卓识的批判。[2] 在当前更为迅速的城市转型过程中，城市中充满各式各样的不满、焦虑以及令人兴奋不已的事情。但我们却似乎缺少了对城市化做出系统批判的欲望。甚至在城市问题赫然耸立时，城市转型的漩涡已经淹没了我们。我们不是把财富、特权和消费都高度集中到了世界的各个城市中了吗？为什么联合国会把我们的世界描述为一个即将爆发的"充斥着贫民窟的星球"[3] 呢？

按照我在这里所提出的意义来讲，主张城市权利即是一种对城市化过程拥有某种控制权的诉求，对建设城市和改造城市方式具有某种控制权的诉求，而实现这种对城市的控制权需要采用一种根本的和激进的方式。从城市建立以来，城市一直是通过剩余产品的地理和社会聚集而发展的。因为剩余总是来自某些地方和某些人，一般只有少数人（如宗教寡头，或具有帝国野心的骁勇的诗人）可以控制这些剩余产品的使用，所以城市化一直是一种阶级现象。在资本主义制度下，这种情形也并未发生改变，但它们的发展动力却并不相同。正如马克思告诉我们的那样，资本主义的基础是对剩余价值（利润）无休止的追逐。为了产生剩余价值，资本家必须生产剩余产品。这就意味着，资本主义永远都在生产城市化所要求的剩余产品。反之，资本主义也需要城市化来吸收它无止境生产出来的剩余产品。因此，资本主义发展与城市化之间呈现出一种内在的联系。所以，我们可以毫不奇怪地看到，资本主义产出的时序列增长曲线与世界人口城市化的增长曲线大体平行。

让我们更近距离地观察资本家的所作所为。资本家从一定数目的货币开始，以获得更多的货币结束。在他们醒来的每一天里，他们必须决定如何处理他们前一天赚来的利润。他们面临着浮士德式的两难境地：重新投入这笔利润以获得更大的收益，或者消费掉这笔利润以获得愉悦。竞争的强制性迫使他们重新投资，因为即使他不做，别人也会这样做。为了维持其资本家的地位，必须把一定的利润重新投入进去，以获得更大的利润。成功的资本家一般会获得更多的利润，不但可以扩大投资，同时也满足了他们对愉悦的追求。但是，这种永久性再投资的结果是以复合率计的利润增长，与所有其他按逻辑斯蒂曲线增长的事物（货币、资本、产出和人口）一样，可以用逻辑斯蒂增长曲线表达。这种增长贯穿于资本积累的全部历史。

永远需要寻找对资本剩余生产和吸收有利可图的领地影响着资本主义政治。因此，资本家持续且不受干扰的扩张也并非没有障碍。如果劳动力短缺，劳动力工资太高，那么必须重新培训现存的劳动力（以技术手段引起失业，或打击有组织的工人阶级力量——如撒切尔和里根在20世纪80年代所采用的——是两种基本方法），或者找到新的劳动力（通过移民、资本输出，或将人口中某些独立人群无产化）。从一般意义上讲，必须要找到新的生产方式；从特定意义上讲，必须要找到新的自然资源。提供所需的原材料和吸收不可回收的废料，都会增加对自然环境的压力。强制性的竞争法则还不断地催生出新技术和新的组织形式，因为具有较高生产率的资本家能够战胜那些使用相对低劣技术或组织形式的竞争对手。革新促生了新的需求，加快了资本流通时间，减少了距离引起的消耗，消除了劳动力和原材料供应的地理限制等等。而如果市场没有足够的购买力，那么必须通过对外贸易、新产品、倡导新的生活方式、产生新的信用方式、借贷和私人消费等方式寻找新的市场。最后，如果利润率太低，那么，"恶性竞争"、垄断（兼并和购买）的国家法规和资本输出都是用以脱困的方式。

如果以上任何一个妨碍资本流通和扩大的因素不能消除,那么资本积累便会受到阻碍,资本家就会面临危机。资本投入不能获得利润,资本积累停滞或退出市场,进而引起资本贬值,或在某些情况下完全丧失价值。贬值具有多种形式,剩余商品可能会贬值或被完全销毁;生产能力和不动产的估价或可被下调,且空置起来;而货币本身也会因通货膨胀而导致贬值。当然,在经济危机中,大规模失业也会引起劳动力的贬值。那么资本主义的城市化是以怎样的方式被推动发展,以避开这些障碍,并且扩大可以获得利润的资本主义活动领域呢?这里,我要说的是,资本家永远都在生产着剩余产品,以此寻求剩余价值,而在吸收这些剩余产品中,资本主义的城市化发挥着非常积极的作用(与此相关的还有其他一些现象,例如军事开支等等)。[4]

让我们首先看看第二帝国时期的巴黎这个案例。1848 年的危机是一个明显的剩余资本和剩余劳动力被闲置而无法利用的危机。危机波及到整个欧洲,尤其对巴黎的打击异常严重。这场危机的结果是一场失败的革命,这场革命的参与者包括失业工人和资产阶级中的乌托邦主义者,其中后者认为,社会共和是解决资本主义贪婪和不平等的一种办法。共和派的资产阶级使用暴力手段镇压了这场革命,但是,他们并没有解决这场危机。结果是路易·拿破仑·波拿巴获得了权力。1851 年拿破仑操纵了一场政变,而后在 1852 年称帝。为了获得政治上的生存,拿破仑对其他政治运动采取了全面镇压的态度。但他也知道,他必须处理资本过剩问题,为此,他公布了一个宏大的海内外基础设施投资项目。当时的海外投资项目是指建设横穿欧洲直到欧洲东部地区的铁路,以及支持苏伊士等宏大的工程建设。对于法国本土而言,基础设施投资意味着整合铁路网络、建设港口、湿地排水等等。当然,其中最重要的还是重建巴黎的城市基础设施。1853年,拿破仑把奥斯曼(Haussmann)召至巴黎,命他负责巴黎的市政工程建设。

奥斯曼清楚地知道,他的工作目标是通过城市化的方式,解决资本过剩和失业问题。按照那个时代的标准,巴黎改造吸收了数目巨大的劳动力和资本。与独裁者压制巴黎工人运动的愿望相配合,巴黎改造成为了当时稳定社会的基本途径。奥斯曼(借助于傅立叶和圣西门主义者)制订了巴黎重建的乌托邦式规划,这个规划与19世纪40年代讨论的巴黎重建有着巨大的差别。奥斯曼改变了以往设想中的城市发展尺度。当建筑师希托夫(Hittorf)向奥斯曼展示他关于巴黎新林荫大道的设计方案时,奥斯曼驳回了这个方案,他说,"不够宽,你的设计宽度为40米,我要的是120米"。奥斯曼不是在考虑如何对巴黎这座城市做些修修补补的改造,而是在更为宏大的尺度上,以合并郊区和重新设计整个街区(如Les Halles)为基础,去思考对巴黎这座城市的改造。换句话说,奥斯曼是要从整体上改造巴黎,而不只是做些修补的工作。为了做到这一点,奥斯曼需要新的金融体制和借贷方式,而这些新事物是以圣西门的思想(动产和不动产信贷)为基础的。实际上,奥斯曼使用了类似凯恩斯的体制,利用债务融资,改善城市基础设施,从而达到解决剩余资本的出路问题。

在随后的15年中,这个类似凯恩斯主义的体制运行良好,不仅改造了城市的基础设施,而且建立起全新的城市生活方式,形成了一种全新的城市人格。巴黎变成了"不夜城",成为消费、旅游和休闲中心。咖啡店、百货公司、时装业、盛大的博览会等等,都将城市生活转变为一种以低俗消费来吸收庞大盈余的方式(不仅与传统相悖,同时也将工人排除在外)。但是这种过度扩张,以及日益具有投机性的金融和信贷制度最终于1868年崩溃。奥斯曼被迫下台。绝望中的拿破仑三世发动了与俾斯麦德国的战争,并以法国的失败而告终。在随后出现的真空中,诞生了巴黎公社——资本主义城市史中最伟大的革命事件之一。怀念被奥斯曼摧毁的城市(特指1848年革命)和希望找回在奥斯曼的工程中失去的城市是巴黎公社揭竿而起的部分原因。但是,社会主义者(与垄断的资本主义相对立)主张集中的分级管理(雅各宾政府当时采取的体制),反对(由普鲁东主义者领导的)由群众组织的分散化的无政府主义主张。而巴黎公社则阐述了他们与这种社会主义现代前景的冲突。在巴黎公社失败的问题上,社会主义者与无政府主义者相互指责,从而导致马克思主义者和无政府主义者在1872年的彻底分裂。直到今天,无政府主义依然困扰着所有反对资本主义的左翼力量。[5]

现在,让我们转向1942年的美国。在20世纪30年代,剩余资本问题(与此相伴而生的失业问题)曾经非常棘手。巨大的战争动员暂时解决了剩余资本的出路问题,但人们对战后会发生什么都忧心忡忡。这种情况在政治上是危险的。当时,联邦政府正在运行国有化经济体制(并且非常有效),美国也正与共产主义的苏联结盟共同反对法西斯主义。具有社会主义倾向的强大的社会运动已在1930年大萧条的对抗中出现。我们都知道之后出现的是麦卡锡主义政治和冷战(在1942年已经有了大量征兆)。如同路易·拿破仑·波拿巴一样,统治阶级明显需要大剂量的政治抑制。但是,又怎样处理剩余资本问题呢?

1942年,在一份建筑期刊上出现了对奥斯曼工作的长篇评论。这篇评论详细记述了奥斯曼的所作所为,并分析了奥斯曼的错误。但这篇评论把奥斯曼描述为有史以来最伟大的城市规划师之一。非常巧合,撰写这篇文章的恰恰是罗伯特·摩西(Robert Moses)。战后,罗伯特·摩西在整个纽约都市区再现了奥斯曼在巴黎的作为。[5]

也就是说，摩西改变了有关城市发展的思维尺度，通过（债务融资建设的）高速公路系统和基础设施改造，通过郊区化，通过对城市和整个都市区域的重新建设来吸收剩余产品，进而解决剩余资本的吸收问题。当上述过程在全国范围的都市区域（另一个大尺度的改造）推行时，对战后全球资本主义的稳定发挥了关键作用（这时是美国能够通过贸易赤字向全球非共产主义经济提供动力的一个时期）。

美国的郊区化不仅仅是一个新基础设施的问题。如同第二帝国时期的巴黎一样，郊区化需要从生活方式上发生根本的改变，产生一个全新的生活方式。从住宅到冰箱、空调以及两辆小汽车在内的全套新产品，大规模增加石油消费等等，所有这些都在吸收剩余上发挥着相应的作用。尽管郊区化在战后发挥了巨大的作用，但郊区发展是以掏空城市中心为代价的。聚居在城市中心的少数族裔（主要是非洲裔美国人）因此被隔离在新的繁荣之外，并受到极大的负面影响，从而导致他们的反抗，进而产生了人们所说的"城市危机"。

不仅仅是中心城市处在危机之中，传统主义者聚集在简·雅各布(Jane Jacobs)的旗帜下，反对摩西粗暴而宏大的现代主义项目，强调地方性街区开发、古老区域的历史遗产保护等不同的城市美学。然而郊区已经建设起来了，郊区化导致的生活方式的根本变化已经产生了其相应的社会后果。例如女权主义者认为，郊区及郊区生活方式是她们的不满之源。如同奥斯曼曾经遇到的情况一样，一场危机逐渐显现，摩西开始失宠，到了 20 世纪 60 年代末，人们已不再认为摩西的方案是适当和可以接受的了。如果说在"巴黎公社"的发展上，巴黎的奥斯曼化发挥了一些作用的话，那么对于美国 1968 年那场引人注目的社会运动，没有灵魂的郊区生活也发挥了重要的作用。出生于白人中产阶级家庭的学生因不满走向反抗，与那些被边缘化了的社会群体结成联盟，共同反对美帝国主义，以期创造一个不同的世界,包括不同的城市生活(当然,无政府主义者和自由意志论者在对等级体系和集中的选择上再次发生了冲突)。[7]

与1968年的反抗一起出现的还有一场金融危机。这场危机在一定程度上是全球性的(与布雷顿森林协议的崩溃相关),当然,这场危机也源于那些若干年前推动房地产繁荣发展的信用机构。这场危机在20世纪60年代末达到顶峰,1973年全球房地产泡沫的破灭,使得整个资本主义制度坠入了一场大规模的全球性危机。随后,1975年纽约市陷入财政破产状态。我们经历了20世纪70年代那些黑暗的日子,尽管这样的日子已经发生过许多次了,我们的问题是,如何从资本主义自身的矛盾中拯救资本主义。如果历史真是一面镜子,在这种情况下,城市发展必然会在拯救资本主义的过程中发挥重要作用。正如威廉·塔布(Willian Tabb)指出,国家权力和金融机构间不稳定的联盟让纽约度过了1975年的金融危机,率先对这个问题做出了新自由主义的回答:以牺牲工人阶级的生活水准为代价来保护资本的权力。同时放松对市场的管制,让其相对自由发展。然而现在的问题是资本主义要想存在下去就必须持续生产,而怎样才能重新振兴资本主义吸收剩余的能力呢?[8]

现在回到我们当前的危机中来。直到2008年的全球危机,国际资本主义一直犹如跨上一辆区域危机和崩溃的过山车(1997—1998年东亚和东南亚、1998年的俄罗斯、2001年的阿根廷等)。在这个过程中,城市化究竟发挥了什么样的作用呢? 直到2008年,美国人一直认为,住宅市场是美国经济重要的稳定器,尤其是在20世纪90年代末高技术崩盘之后。通过新的建设(在内城和郊区的住宅及办公区),房地产市场直接吸收了大量剩余资本,而在历史性的低利率条件下,抵押贷款再融资的浪潮导致了住宅资产价格急剧飞涨,从而推动了美国国内消费品市场和服务市场。美国用平均日借款20亿美元来维系其不可满足的消费，同时以借贷融资开展阿富汗和伊拉克战争。在 21 世纪的头 10 年里，当美国与世界其他国家出现巨额贸易赤字时，美国的城市扩张和住宅市场投机在一定程度上稳定了全球市场。

当然，城市发展还经历了尺度上的转变。简单讲，城市发展已经走向了全球。这样，我们的视野就不能仅仅局限于美国了。英国、爱尔兰和西班牙以及其他一些国家出现的房地产繁荣同样有助于维持资本主义的发展，这些国家的情景与美国类似。而中国过去 20 年的城市化具有显著的不同，其重点放在庞大的基础设施建设上。关于这个问题，我们将在第二章中展开。在 1997 年的短暂萧条之后，中国城市化再次加快步伐，这样，自从 2000 年以来，中国几乎吸收了世界水泥供应的一半。在过去 20 年里，人口超出 100 万的城市已经不止 100 个。类似深圳这样的昔日渔村，现在已经发展成为 600—1 000万人口的巨型都市。中国的工业化最初集中在若干经济特区，而后迅速扩展到任何一个希望吸收海外剩余资本的市镇，再把所获得的利润投入迅速的扩张建设之中。巨大的基础设施项目，如水库和高速公路正在改变着那里的景观，当然，所有这些建设都依赖于借贷融资。[9] 并且从提供劳动力的贫困乡村地区调动了大规模的储备劳动力，在拥挤的城镇里建起了巨大的购物中心、科技园区、机场、集装箱码头，各式各样的娱乐城，多种多样的新崛起的文化机构，以及封闭的大院式社区和高尔夫球场。正如我们将看到的那样，中国的城市化发展对全球经济以及吸收剩余资本具有巨大的影响。

当然，中国仅仅是全球性城市化过程的一个中心。全球性城市化以令人惊叹的全球一体化的金融市场为基础，运用他们灵活的债务融资，支撑着从迪拜到圣保罗，从马德里、孟买到香港、伦敦的城市项目。例如，中国的中央银行在美国的次贷市场中表现活跃，而高盛加入到孟买具有冲击性的房地产市场,香港的资本已经投入到了巴尔的摩。几乎在世界上的每一个城市都可以看到因有钱人而产生的建设高潮——而有钱人通常具有类似的令人沮丧的性格。与之相伴的是农民在农业工业化和商业化中变得一无所有,洪水般地涌向城市,沦落为贫困的城市移民。

墨西哥城、智利的圣地亚哥、孟买、约翰内斯堡、首尔、台北、莫斯科,整个欧洲(西班牙最为突出),以及核心资本主义的城市,如伦敦、加州的洛杉矶和圣地亚哥、纽约,建筑热潮随处可见(在亿万富翁布隆伯格领导下的纽约,正在起草的大规模城市项目远远超出以往任何一个时期)。中东地区,如迪拜和阿布扎比,也出现了令人吃惊的,甚至犯罪般荒谬的巨型城市化项目,它们吸收了因石油财富而带来的盈余,同时也带来社会不公以及环境资源的浪费(例如燥热沙漠之中的室内滑雪场)。这里,我们看到的只是另一个不同尺度上的城市化转型。虽然难以把握它在全球范围的发展,但从根本上讲,与奥斯曼在第二帝国时的巴黎曾熟练掌控了一段时间的城市化过程是一样的。

与以往所有的城市化过程一样,这个全球性城市化的繁荣也一直依赖于建立新的金融体制和措施,以便组织起维持城市化的信贷需要。开始于20世纪80年代的金融创新,特别是销售给世界范围投资者的地方抵押贷款的证券化和打包、建立持有债务抵押债券的新型金融机构,都发挥了关键的作用。这类金融创新的收益是多方面的:它分散了风险,允许剩余储备更容易地介入过剩的住房需求。通过金融机构间的协调,这类金融创新导致整体利率下降(给那些创造奇迹的金融中介机构带来了巨大的财富)。但是,分散风险并不等于消除风险。而且,由于风险可以转嫁到其他地方,这样广泛的风险分散甚至鼓励了更加风险的地方行为。由于没有适当的风险评估管理，抵押贷款市场已经失控，1867—1868年贝列拉兄弟（Pereire Brothers）的所作所为，20世纪70年代早期纽约市政府的财政亏空，都再次呈现在2008年的次贷和住宅资产危机之中。这场次贷和住宅资产价值危机首先发生在美国城市（当然，英国也能看到类似的迹象），对于居住在内城的低收入非洲裔美国人和单亲由妇女支撑家庭的影响尤其严重。同时，这场次贷和住宅资产危机还影响到那些不能承担城市中心房价暴涨的人们，尤其是在美国西南部等城市。他们被迫转移到大都市区的半边缘地区，购买了投机性成片开发的那些最初月供低廉的住宅。但随着油价攀升，他们面临不断上升的出行成本，同时，随着市场利率不断增加的按揭月供，也已让他们捉襟见肘。这场危机不仅对城市生活和基础设施产生恶性影响（克里夫兰、巴尔的摩和底特律的整个街区都被丧失抵押品赎回权的风波击垮），也威胁到全球金融体系大厦本身，严重的经济衰退一触即发。委婉一点说，这场危机与20世纪70年代的相似之处是，它们都是那么异乎寻常（包括美国联邦储备银行随即发出的货币宽松政策，几乎毫无悬念地会产生巨大的通胀威胁。就像20世纪70年代的情况一样，稍稍滞后）。

目前这场危机的形势更加复杂。悬而未决的问题是，美国严重的崩溃能否在其他地方得到补偿（例如由中国来补偿）。不平衡的地理发展可能会再一次让资本主义制度避免全球性的崩溃，就如同20世纪90年代发生的那样，虽然这次是美国居于金融风暴的中心，但现在金融机构的耦合要比过去更加紧密。[10]由计算机主导的瞬间交易一旦偏离轨迹，总会在市场上产生巨大的差异（在股票市场上产生着难以置信的波动），引起大规模的危机。这要求重新全面考虑金融资本和货币市场该如何运作，包括怎样与城市化发展互动等等。

正如之前所有发展阶段一样，最近发生的城市急剧扩张，也给生

第一章 城市权利

活方式带来了难以置信的变化。在这个消费主义、旅游业、文化和知识型产业以及对大众传媒经济①的依赖已成为城市政治经济主要方面的世界,城市生活质量已成为一种有钱人的商品。甚至在印度和中国也是这样。后现代主义鼓励在城市生活方式的选择和消费习惯上,形成特定的市场和文化形式。只要你有钱就可以在市场上自由选择城市现代生活,并能够使自己免于遭受日益激化的犯罪活动,以及掠夺性财富再分配的侵扰(这些在其他地方正在不断升级)。购物中心、购物综合体和量贩商店激增(这些都成为了巨大的产业),快餐店、手工艺品市场、精品文化等等也是如此。就如沙龙·朱琴(Sharon Zukin)所说的,"由卡布奇诺咖啡带来的镇定"。即使那些成片开发出来,一直处于零碎、乏味和单调的郊区,现在也得到了"新城市主义"②运动的解药。"新城市主义"通过鼓吹社区销售和精品生活方式来实现其城市梦。在这个世界里,新自由主义强烈的个人占有欲可以成为人格社会化的模板。在人类到达了一个伟大的社会

---

① 戴维在这里使用的是"The economy of the spectacle",我们把它翻译为"大众传媒经济"。"spectacle"这个术语的使用源于情境主义的社会批判理论。法国情境主义者德波(Guy Debord)在1967年出版一本称之为《大众传媒的社会》的著作,按照这本书的解释,"spectacle"意指"大众传媒"。对"大众传媒"这一现象的批判源于马克思的"商品拜物教、物化和异化"概念。在这个大众传媒的社会里,商品控制着工人和消费者,而非他们控制商品。消费者是关注物化大众传媒的被动主体。——译者注

② 对于"新城市主义",戴维的字里行间里透露出批判之情,这与国内大多数人对"新城市主义"的青睐很不一样,例如国内很多房地产广告都把某某小区贴上"新城市主义"的标签。人们或者喜欢新城市,或者讨厌它。有些人看到了紧凑型的新街区,采用褐色石头做外装饰,19世纪风格的住宅或者乡村农舍,会觉得陶醉不已,觉得那里既可以享受城市的乐趣,又充满可持续到未来的希望;有些人则不然,他们认为这些地方不过是升级了的郊区,追随另一个时代和另一个地点的审美观,令人生厌的复古怀旧,时代错位;更有甚者,如戴维,把新城市主义视作新自由主义伦理的解读。我们能够站在这些看法之间,考察它们各自立场所隐含的价值观念吗?我们曾经翻译过一本《良好社区规划:新城市主义的理论和实践》(中国建筑工业出版社,2010),如果读者对"新城市主义"感兴趣,不妨一阅。——译者注

发展成就(至少从尺度和所包括的特征而言)的同时,新自由主义伦理不断地加深着个人的孤独、焦虑以及神经官能症状。

当然,资本主义制度的裂痕也是同样明显的。我们生活在一种日益被分割、散碎且易发生冲突的城市里。我们如何看待这个世界和如何定义可能性,取决于我们站在哪一边,取决于我们采用什么样的消费方式。在过去的几十年里,新自由主义让富裕精英的阶级力量得以复原。[11]仅在一年中,纽约若干对冲基金的经理们就轻而易举地赚走了30亿美元的个人薪酬,而这些年来,华尔街给顶级高手的个人奖金从500万美元上升到5 000万美元(使得曼哈顿的房地产价格如火箭上天一般)。自从20世纪80年代末向新自由主义转向以来,墨西哥已经出现了14个亿万富翁。墨西哥还有世界上最富有的人,卡洛斯·斯利姆;而另一边,穷人的收入却停滞增长或是减少。到2009年底(最严重的危机之后),中国有115位亿万富翁,而俄国有101位,印度有55位,德国有52位,英国有32位,巴西有30位,另外,美国还有413位。[12]这种不断加强的贫富和权力的极化必将深刻地影响我们城市的空间形式,不断出现堡垒式分割、封闭型社区,以及终日处于监控中的私有化的公共空间。新自由主义对个人产权和私有财产价值的保护已成为一种主导政治形式,甚至对较低层次的中产阶级也是这样,尤其对于发展中国家。

正在分裂成为不同的各自独立的部分,形式上如同许多"微型国家"。富足的街区拥有各类服务,如专属的学校,高尔夫球场、网球场和日夜巡逻的保安。而在这类区域周边则是违章的居民区,那里只有公共的自来水龙头,没有卫生设施,电力被少数特权阶层窃取,每逢下雨,道路泥泞不堪,多个家庭共居于一个屋檐下实属正常。这些独立的地区都显现出生活和功能上的自主性,在日常的生存斗争中,

第一章 城市权利

竭尽全力抓住一切能够抓住的东西。[13]

在这种情况下,已经受到新自由主义个人伦理威胁的城市特征、市民身份以及归属感等理想几乎荡然无存。甚至城市可能承担起的集体政治团体的功能,以及让进步的社会运动在城市中萌芽发展的观念也越来越成为天方夜谭。事实上,所有城市社会运动都明显地在寻求克服孤立,寻求改造城市,让城市的社会形象不同于那些由金融、企业资本以及日益企业化的地方国家机器所支持的开发商们所营造的景象。甚至一些相对保守的城市行政当局也在使用它们的权力尝试寻找可以同时发展城市和民主管理的新途径。是否真有另外一种城市呢?如果答案是肯定的,那么它会来自何方?

通过城市改造吸收剩余具有更阴暗的一面。吸收剩余已通过"建设性摧毁"引发了反反复复的城市重建。由于穷人、弱势群体和在政治权利上被边缘化的那些人总是首当其冲且受到最严重的影响,所以城市重建基本上总是具有阶级性的。新的城市是在旧城市的残骸上建立起来,因而需要暴力。奥斯曼以改善市政、环境以及城市革新的名义,声称为了公共利益,使用征用权吞噬了老巴黎的贫民区。同时,奥斯曼还刻意将工人阶级、其他难以控制元素同有害产业一起移出巴黎,觉得他们会影响到公共秩序、公共卫生以及政治权利。奥斯曼创造了一种他认为对监测和军事控制最有利的城市形式(1871年的城市暴动证明了这种判断的错误),进而保证军方对革命运动的控制。当然,正如恩格斯1872年指出的那样:

> 在现实中,资产阶级以他们的方式解决住宅问题只有一个办法,就是解决后的结果不断地成为新的问题。这种方法称之为"奥斯曼"。我所说的"奥斯曼",是指那种普遍地把大城市的工人街区,特别是城市中心的工人街区从中

豁开的做法。不论这是为了公共卫生或美化城市，还是由于市中心需要大的商场，或是由于敷设铁路、修建街道等交通的需要（有时也是为了使街垒战难于进行这个战略目的）。不论起因如何不同，结果总是一样的：破烂的小街小巷没有了，资产阶级以此为巨大的成功而大肆吹嘘。但是，这种小巷会立刻出现在其他地方……资本主义生产方式使我们的工人每天每夜都囚禁在这些传染病发源地、恶劣的洞穴和地窖里。它们没有被消灭，只是迁移到了别的地方！在一个地方滋生出这些的经济必然性也会在另一个地方产生它们。[14]

实际上，完成巴黎中心的改造花费了100多年的时间，而最近我们看到的结果是，那些孤立的郊区里不断发生动乱。那里聚集着陷入困境的被边缘化的移民、失业工人和青年。令人难过的是，恩格斯描述的过程在资本主义城市史中一而再再而三地出现。罗伯特·摩西[①]"举起肉斧子砍向了布朗克斯"（罗伯特·摩西本人臭名昭著的一句话），街区团体和街区运动发出了悲鸣。最终这些街区团体和运动都聚集在简·雅各布的观点下，认为罗伯特·摩西以难以想象的方式破坏着具有价值的城市结构以及整个居民社区和他们长期以来建立起的社会凝聚的网络。[15]但是，在纽约和巴黎的案例中，当1968年风潮刚刚成功地阻止和约束了国家征用土地的权利后，一个更为隐形的和更具癌变性的转变过程产生了——通过民主城市政府的财

[①] 摩西曾经领导纽约建设30年，基本上采用以公共投资建设大型城市基础设施项目的方式发展纽约。所以，他是一个颇具争议的人物，尤其是简·雅各布的对手。罗伯特·卡罗（Robert Caro）曾经在他发表于1974年的名噪一时的著作中，对摩西提出责难。最近出现的一个展览希望纠正对摩西的不实之词，把他看成是托起纽约的人，而不是让纽约下沉的人。——译者注

政管理、土地市场、房地产投机以及在"最高产出和最好使用"的旗号下，按照能产生最高经济回报率的方式对土地进行分类。恩格斯非常了解这个过程的来龙去脉：

> 现代大城市的扩展，使城内某些地区特别是市中心的地价人为地、大幅度地提升起来。原先建筑在这里的房屋，不仅没有提高这里的价值，反而影响了它的价值，因为这些房屋同改变了的环境已经不相称了。它们被拆毁，重建。城市中心的工人住房首先就遇到这种状况，因为这些住房的房租，即使在极为拥挤的时候，也永远不能超出或者只能极缓慢地超出某一个最高限额。这些住房被拆毁，在原地兴建起商店、货栈或公共建筑物。[16]

这些话是恩格斯在 1872 年写下的，然而，恩格斯的这些论断直接言中了当代亚洲许多国家的城市发展过程（新德里、首尔和孟买）以及现在纽约哈莱姆区的高档化。想想这些，令人沮丧。迁移过程以及"剥夺式积累"依然位居资本主义城市发展的核心。这是通过城市再开发而实现资本吸收的一个真实反映。以孟买为例，官方确认孟买大约有 600 万人居住在土地没有法定权属的贫民窟里（他们生活的地方在孟买市的所有地图上均为空白）。为了把孟买转变成为能够抗衡上海的全球金融中心，房地产开发热潮正在兴起，贫民窟所占据的土地价值日益高涨。孟买最著名的贫民窟之一，达拉维，其土地价值大约在 20 亿美元，清除这个贫民窟的压力（因环境和社会原因遮掩着这场土地争夺战）正在不断加大。国家背景下的各种金融力量推动着对贫民窟实施强制性拆除，有时会粗暴地剥夺贫民窟居民整整一代人占据的土地。在那里，房地产开发所使用的土地几乎是没有成本的，而后通过房地产开发活动实现资本积累。那么被迫迁移的贫民窟居民会得到赔偿吗？幸运的人会得到一点赔偿。虽然印度宪法规定,国家有义务不分种姓等级和阶级保护全体人民的生活、福利,保障各种住宅的居住权,但印度最高法院对修改这条宪法做出了不判决和判决两种决定。由于贫民窟居民是土地的非法占有者,许多人不能证明自己是那块土地的长期居民,所以他们也没有权利获得赔偿。同时最高法院声称,承认获赔权等于奖励盗窃行为。这样,贫民窟的居民或是抵制战斗,或是带他们寥寥无几的资产住到公路边缘上,或者任何能够找到的立锥之地。[17]同样的剥夺案例在美国也可以找到(尽管没有那么残酷,且更依法行事一些),通过滥用征用权,把合理住宅中的长期居民赶走,鼓励高层土地使用(如公寓和量贩店)。而美国最高法院的自由派法官对保守派发起挑战,声称地方行政当局为了增加其房地产税收基数的做法是完全符合宪法的。

在20世纪90年代的首尔,建筑公司和开发商雇用了相扑选手般的打手队,在整个街区大打出手,不仅摧毁那些在20世纪50年代沿着山坡建设起来的住宅,而且还砸烂了那些居民的个人财产,原因是那里的地价在20世纪90年代后飙升起来。现在,那里建设起了大量高层建筑,完全看不出当初清理土地时的残暴场面。在中国,数百万的人们正从他们长期居住的地方拆迁转移出去。由于缺少私人产权,国家可以只支付少量现金就让他们离开(然后把土地以高额利润出售给开发商)。在一些案例中,人们有搬迁的愿望,然而也经常听到广泛的抵制声音。在中国,通常边远乡村的人口迁移佐证了列斐伏尔在20世纪60年代的预见,在资本和国家的指令下,城乡间曾经存在的清晰划分会逐步消退,成为一种地理发展不均衡的相互渗透空间。而在城市边缘地区,随着大量公寓楼的开发,原先居住在那里从事艰苦农业生产的贫穷菜农一夜间变成了靠收租金过活的休闲的城市人。这些情况在印度也同样发生,中央和地方政府所支持的特殊经济开发区政策导致了针对农业生产者的暴力行动。最严重的是由执政的马克思主义政党精心安排的西孟加拉邦南迪格莱姆地区的冲突惨案，旨在给大规模印度尼西亚资本进入铺路。这个财团对城市房地产的开发和对工业开发一样感兴趣，在这个案例中，个人产权没有得到任何保护。

西孟加拉邦政府提出过一个貌似进步的方案——给予棚户区居民私人房地产权，让他们利用这些财产走出贫困。现在，里约热内卢也出现了类似的方案，但是，问题是这些收入不稳定且经济困难频发的穷人很容易就会拿他们的财产以较低价格换取现金（富人一般会拒绝以任何价格放弃他们有价值的财产，这也是为什么摩西拿低收入的布朗克斯地区开刀，而不去触及富裕的公园大道地区）。我敢说，如果现在的倾向继续下去，不出 15 年，里约热内卢那些现在被棚户区占领的观海山坡都会被高层公寓占去，而之前的贫民窟居民将会迁移到边远地区。[18] 撒切尔在伦敦中心地区实行的社会公共住宅私有化的长期影响是，建立起了一个都市区域的租赁和住宅价格体制，进而让收入较低的人们，现在甚至是中产阶级的人们都不可能居住在城市中心区的任何一个地方。

这些案例警告我们，现存的这些似乎"进步的"方案不仅只是转移了问题，而且在实际中更深更重地把弱势和边缘化群体禁锢在资本流通和积累的链条上。埃尔南多·德索托（Hernando de Soto）的论断颇具影响力，他认为在南半球，是由于缺少清晰的物权让穷人陷入水深火热之中（但他忽略了在清晰物权已经建立起来的社会里，也仍然存在着大规模的贫困）。在里约热内卢或利马的贫民窟里，个人物权的赋予的确可以释放个人的能量和创业精神，从而实现了个体的进步，毫无疑问，这些将是支持埃尔南多·德索托的判断的。但其代价却是摧毁了凝聚且相互支持的、集体的和非利润最大化的社会模式。在缺乏就业保障和适当报酬的情况下,任何综合效果都不会存在。例如,伊利查(Elyachar)指出,在开罗,这些似乎进步的政策创造出一个"巧取豪夺的市场",在实际中吞噬掉互惠互利的经济体系中的精华,使其有利于资本主义制度。[19]

这种看法也适用于针对全球贫困而产生的小额信贷和小额融资。现在,华盛顿的金融机构正在热捧这一方案。从社会意义上讲,小额信贷(最初由诺贝尔奖获得者尤努斯(Yunus)设想出来)确实打开了新的可能性,并对性别关系产生了有益影响,特别是对印度和孟加拉国的妇女产生了积极效果。然而,小额信贷产生这种积极成果是通过推行借贷偿还集体负责制而实现的,这种制度是一种禁锢而非解放。而华盛顿的金融机构认为小额融资的目的是(与尤努斯提出的社会的和慈善导向的小额信贷相反),在那些允许跨国公司介入的,由20亿每天生活费不足2美元的人口构成的大规模新兴市场中,为全球金融机构产生高收入资源(利率大约在18%,常常会更高)。商业圈把这个巨大的市场称之为"处于金字塔底部的市场"。以大集团的名义,通过建立一个复杂的销售网络(主要是妇女),把在多国的仓库与街头小贩们联系起来,渗入这个巨大的市场。[20]这些销售人员形成一个社会关系集体,相互负责,建立起一个借款和利息偿还的保障体制。这笔借款最终可以让他们购买到零散化的市场上销售的商品。随着被赋予私人物权,的确有些人会变得相对富足起来(在这个例子中主要为妇女),而穷人以合理价格购买这些产品却存在着很大困难。所以,这并不能解决由城市带来的贫困。小额融资系统的大部分参与者将会发展为以劳务偿还债务的状态,从而陷入跨国公司和城市贫民窟人口间的债务泥潭,而跨国公司总是会得到好处。这是一种会阻碍对更加有效率方案进行探索的体制,它完全没有考虑到任何城市权利。

我们可以做出这样的结论,城市化在吸收剩余资本上发挥了关键作用,而且在不断地扩大其地理范围。它的代价是一个不断地建设性摧毁的过程,意味着对城市大众任何一种城市权利的剥夺。这经常演化为一种周期性的反抗,如1871年被剥夺者在巴黎起义,要求夺回他们失去的城市。1968年的城市社会运动,从巴黎、曼谷到墨西哥城和芝加哥,寻求从资本主义的开发商和国家强加给他们那种生活中找到不同的城市生活方式。如果当前的财政困境不断加深,资本主义通过城市化成功吸收剩余资本的新自由主义、后现代主义和消费主义阶段会结束的话,如果随后将面临一场范围更广阔的危机的话,这时就会出现这样一个问题:我们的1968年在哪里?或者更激进一些地讲,我们巴黎公社的远景在哪里?

考虑到现行的这个财政体制,答案可能相当复杂,因为现在的城市发展是全球尺度的,并陷入各式各样的裂痕、不安全感和地理发展的不平衡之中。正如伦纳德·科恩(Leonard Cohen)曾经唱过的那样,资本主义体制的裂痕正是那些"让光明重新照亮我们的地方"。不稳定的迹象随处可见(印度的不稳定是慢性的,非洲内战激烈,拉丁美洲地区的局势正在发酵,自治运动正出现在所有的地方,甚至在美国。政治信号表明,绝大多数人都在对极度的不平等说,"够了,够了"),任何这一类反抗都会突然传播开来。但不同于财政体制本身,群众性的城市和城市周边的社会运动完全没有相互配合,虽然这类社会运动在世界上不胜枚举。事实上,许多这一类组织相互并没有联系。即使有了星星之火,也不会燎原。它还需要更为强大的组织力。但是,如果这些对抗力量果真在一定程度上走到一起,例如,汇集在城市权利的旗帜下,它们应该要求些什么呢?

最后一个问题的答案非常简单:加大对生产和剩余资本的民主管理。因为城市发展是剩余资本使用的主要渠道,所以,应通过城市化过程中对剩余资本的民主管理，建立起城市权利。其实，有剩余产品并不是一件坏事：在许多情况下，剩余是维持适当生活水平所必需的。贯穿整个资本主义历史，国家一直通过税收拿走了一些创造出的剩余价值，而在资本主义的社会民主阶段，国家通过征税拿走的剩余价值大幅上升，从而增加了国家所控制的剩余资本。过去30年的新自由主义计划一直是朝着对剩余资本控制的私有化方向发展的。所有经济合作和发展组织（OECD）国家数据显示，自从20世纪70年代以来，国家拿走总产出的比例大体维持不变。从中可以看出，新自由主义攻势的主要成就是，阻止了国家按照20世纪60年代的方式来增加税收。新自由主义的进一步计划是通过使用货币权力，创造一种协调国家和企业利益的新的管理体制。这种新的管理体制借助在城市发展中，国家机构对企业资本（如哈里伯顿（Halliburton））和上层阶级的支持，确保对剩余资本支出的控制。其实，只有在国家本身实施改革，重新回到大众的民主管理之下，增加国家控制的剩余资本比例才会发挥有益作用。

我们越来越多地看到，城市权利日益落到了私人或准私人的手中。例如，在纽约市，我们有一个亿万资产的市长，迈克尔·布隆伯格（Michael Bloomberg）。他一边按照开发商、华尔街和跨国资产阶级的心愿重新建设这座城市，一边继续把这座城市叫卖为可产生高附加价值的商务机构的首选位置，以及游客们的最佳场所。这样，曼哈顿实际已成为一个巨大的富人们的封闭社区（布隆伯格的口号很具有讽刺意味，他说，"建设时记住简·雅各布（Jane Jacobs），却要像摩西那样做"[21]）。在西雅图，像保罗·艾伦（Paul Allen）这样的亿万富翁正在发号施令。在墨西哥城，世界上最富有的人，卡洛斯·斯利姆（Carlos Slim），让市中心的街道重新铺上鹅卵石，以博得游客们的一瞥。并非只有富人们在直接行使权利，在纽黑文，作为世界最富裕大学之一的耶鲁大学,捆绑起它所有的资源,投入到自己的城市建设中,重新设计出一个更适合它的城市结构。约翰·霍普金斯大学在东巴尔的摩做着同样的事情,哥伦比亚大学也计划在纽约的若干地区这样做(两所大学均遭遇到了周边街区的抵制)。现在,已建立的城市权利是非常狭窄的,而且在大部分情况下,落入到少数政治和经济精英之手,使他们能够按照他们自己的需要和愿望不断地改造城市。

让我们从结构上来进一步看看这种情况。每年的一月份,会发布一份关于华尔街所有努力工作的金融家们在上一年所获奖金的估算。无论以何种标准,2007年对于金融市场都是一个灾难年(虽然还不如下一年糟),然而,2007年华尔街金融家们的奖金大约为330.2亿美元,仅比2006年少了2%(这份奖金对把世界金融系统搞得一团糟的经理们还算不错)。2007年夏季中期,美国联邦储备银行和欧洲银行给金融体系释放了数亿美元的短期贷款,以确保金融系统的稳定。而且,在之后华尔街市场每次遭遇大幅下滑时,美国联邦储备银行都会大幅度降低利率。与此同时,大约有200—300万人因为丧失抵押权成为或将要成为无家可归者,他们中大多数是中心城市的单亲且由妇女支撑的家庭、非洲裔美国人和在城市半边缘地区被边缘化了的白人。美国的许多城市街区,甚至整个城市周边社区,都受到了金融机构掠夺性贷款的困扰和伤害。但这些人却没有得到任何奖金。而且,由于丧失抵押品赎回权意味着减免债务,在美国减免掉的债务被认为是一种收入,所以这些人还面临巨额的税单,而实际上他们却并没有挣到这笔钱。这种可怕的不对称向我们提出了这样的问题:为什么美国联邦储备银行不能扩大中期流动资金,以帮助那些受到丧失赎回权威胁的家庭,在抵押贷款重组之前,让大多数家庭保留抵押品赎回权?这样,既可以缓解信贷危机的残酷性,也可以让贫困人口和他们居住的街区得到保护。进一步还可以避免全球金融体系走到摇摇欲坠的边缘，就如之后一年所发生的状况。确实，这样做会让美国联邦储备银行超出其正常的职权范围，会干扰新自由主义的意识形态——即在金融机构和人民福祉发生冲突时，把人民撇在一边。而且这样做也不符合资产阶级在收入分配上的偏好，以及新自由主义提倡的个人责任。不过，看看坚持这些规则所付出的代价和毫无道理可言的建设性摧毁。为了改变这些政治选择，是不是能够和应该做些什么事情呢？

当然，在21世纪，我们已经看到了针对上述问题的一连串的反抗运动。在世界范围内存在着众多不同的城市斗争和社会运动（亦泛指包括乡村地区的社会运动）。我们可以看到大量与环境可持续性相关的城市革新、移民的文化融合，以及有关公共住宅的城市设计等等运动。但是，它们现在还没有集中到可以更多控制剩余使用这一目标上来（更不用说对它的生产条件了）。虽然不是最后一步，但向着统一这些斗争的方向上迈出的一步是，敏锐地聚焦于那些建设性摧毁的时刻，因为那里正在使用暴力的经济掠夺来实现其财富积累。然后，以被剥夺者的名义宣称他们的城市权力——改变这个世界的权利、改变生活的权利，以及拥有按照他们的愿望彻底改造城市的权利。这个集体的权利，既是一个口号，也是一种政治理想，它把我们重新带回到一个很古老的问题上——由谁来控制城市化和剩余生产之间的内在联系和使用？总而言之，列斐伏尔在40年前所提出的主张也许是对的，革命必然是城市的，否则就完全没有革命。

第二章　资本主义危机的城市根源

2011年2月5日《纽约时报》(*New York Times*)发表了一篇题为"住宅泡沫寥若晨星"(Housing Bubbles Are Few and Far Between)的文章。文章的作者是经济学家罗伯特·希勒(Robert Shiller),一位著名的美国住宅专家,他曾为建立住宅价格的"希勒"指数作出过贡献。这篇文章安慰大家说最近出现的住宅泡沫是一个"罕见的事件,几十年间不会再次发生"。21世纪早期出现的这个"巨大的住宅泡沫""不能与历史上任何一个国家或国际的住宅周期相提并论。先前的泡沫一直都是微小的,而且是区域性的"。他断言,唯一可做比较的是19世纪30年代末和50年代发生在美国的那两场土地泡沫。[1]

正如我要说明的一样,这篇文章是对资本主义历史一个非常不准确且危险的解读。这样的文章没有引起任何质疑暴露出当代经济思想的一个严重盲点。不幸的是,马克思主义政治经济学亦存在着相同盲点。美国2007—2010年发生的住宅崩盘比历史上发生的大部分崩盘都要严重和持久——事实上,这次住宅崩溃可能标志着美国经济史上一个时代的结束——但是,从与世界市场宏观经济的波动关系上看,它并不意味是空前绝后的。若干迹象表明,美国住宅的大崩盘可能还会反复出现。

传统经济学通常认为建筑环境投资,尤其住宅投资,以及城市化对于"国民经济"(一个人为编纂的实体)中更加重要的事务来说是相对次要的。这样,"城市经济学"这个子学科就成为较差经济学家们的研究领域,而大牌经济学家们把他们的宏观经济学技能用于其他地方。甚至当这些大牌经济学家们注意到城市发展时,他们也会把空间重组、区域发展和城市建设仅仅解释为更大尺度上的发展在地表上的结果,而这种发展不会受这些结果的影响。[2]于是,在2009年的"世界银行发展报告"中(这次报告第一次认真地考虑了经济地理和城市发展),作者们并没有做出一点暗示,说会有足以引起灾难性后果的严重的错误,进而导致整个世界经济发生危机。这个由经济学家做出的报告(没有与地理学家、历史学家或城市社会学家沟通),其目标旨在探索"地理对经济机会的影响",和把"有关空间和场所的政策提高到主要关注点上来"。

这个报告的作者们实际上在说,把新自由主义经济的一般秘方(让政府不再严格约束土地和房地产市场的任何经济活动;以社会公正和区域平等的名义,使对城市、区域和空间规划的干预最小化)用于城市事务是扩大经济增长(也就是资本积累)的最好途径。虽然他们谦恭地表示了"歉意",说他们没有时间和地方来详尽探讨他们这个建议可能产生的社会和环境后果,然而,他们显然认为,

> 流动的土地和房地产市场,以及其他的支撑体制——如产权保护、合同履行和给住宅融资,会随着市场需要的改变进一步蓬勃发展。成功的城市都已经放松了分区规划法令,允许具有较高价值的使用者竞争有价值的土地——成功的城市已经采用了适应于它们改变功能的土地使用规则。[3]

但是,土地并非一般意义上的商品。土地是一种虚拟的资本形式,其价值源于对未来租金的预期。过去若干年来,土地产出最大化的政策已经把低收入甚至中等收入的家庭赶出了曼哈顿和伦敦中心

城区,加剧了社会分化,并给弱势群体带来了灾难性的后果。这也是孟买达拉维地区的高价值土地(一个被"世界银行发展报告"描述为生产性人类生态系统的平民窟)正承受着巨大压力的原因。简而言之,"世界银行发展报告"倡导的是自由市场的原教旨主义,也就是我们刚刚经历的宏观经济地震(及其持续不断的余震)的始作俑者。与自由市场原教旨主义相伴而生的对立面是,反对城市中心区高档化、反对摧毁街区、反对政府使用征用权(或更为残酷的方式)驱赶居民以腾出高价值土地的各种城市社会运动。

自从20世纪80年代中期以来,新自由主义的城市政策(例如整个欧盟地区)得出的结论是,向弱势街区、城市和区域重新分配财富是徒劳的,相反,应当把资源注入"创业的"增长极。这种空间"渗入"式设想,是说在长期发展中(其实绝不会到来),最终会照顾到所有区域、空间和城市不平等问题。把城市交给开发商和投机金融家们有利于所有的人!"世界银行发展报告"提出,如果中国人真的把他们城市的土地交给自由市场,中国经济会增长得更快!

世界银行明显倾向于投机的资本而不是人民。它从未考虑过这样的情况——一个城市发展得很好(就资本积累而言),而这个城市的居民生活(除特权阶层外)和环境状况却很差。更糟糕的是,"世界银行发展报告"与存在于2007—2009年金融危机根源的那些政策有着深刻的联系。在雷曼兄弟破产6个月,美国住宅市场恶化以及取消抵押赎回权的海啸已经清晰可辨的2年后,世界银行还发表这样一份报告是相当奇怪的。没有一点批评的暗示,这个报告告诉我们:

> 由于20世纪80年代下半期松动了对金融体系的管制,以市场为基础的住宅金融业迅速扩大。在发达国家居民住宅借贷市场所占份额已超过国内生产总值(GDP)

的40%，而在发展中国家所占份额却很小，平均不到它们国内生产总值的10%。公共部门的作用应该是刺激规范化的私人投资……为简单的、可以实施的和谨慎的抵押信贷合同建立起法律基础，将是一个良好的开端。当一个国家的体制比较发达和成熟时，公共部门可以鼓励次贷市场，进一步推进金融创新，扩大抵押贷款的证券化。原则上讲，业主自住住宅通常是业主家庭的最大一笔财产，它在财富创造、社会保障和政治上都是重要的。拥有自己住宅或可靠产权的业主们与他们的社区利益攸关，他们会更支持减少犯罪、建立强有力的管理以及改善地方环境条件等。[4]

对于最近发生的事件来讲，这些主张非常令人惊讶。继续发展次贷——被拥有住宅产权能够让所有人获益的神话刺激发展起来的经济，并通过拔高债务抵押债券（CDOs）评级，让毫无戒心的投资者购得不良抵押资产。继续发展让土地和能源消耗超出地球可承受范围的无止境的郊区化！世界银行这份报告的作者们可能会信誓旦旦地坚持说，他们没有责任把有关城市化的想法与全球变暖问题联系起来。或是与艾伦·格林斯潘（Alan Greenspan）一样，报告的作者们还可以说，他们也对2007—2009的一连串事件傻了眼，不能指望他们能够预见到他们所描绘的乐观前景会有任何麻烦。他们通过在论断中插入"谨慎的"、"规范的"等字眼，"对冲"掉可能出现的批判。

他们引述了无数"经过谨慎选择的"历史案例来支撑他们的新自由主义秘方。但是，他们怎么可以忽略了1973年起源于全球房地产市场崩盘的那场危机呢？那次危机同样引起数家银行倒闭。他们果真没有注意到，美国80年代后期由商业房地产引起的"储蓄和贷款"危机导致了几百家金融机构破产,花去了美国纳税人2000亿美元(当时由威廉·艾萨克斯(William Isaacs)执行。他后来成为联邦存款保险公司的董事长。1987年,他对美国银行家协会发出警告,除非他们调整其经营方式,否则将使他们国有化)。他们果真没有注意到,1990年日本的经济衰退与土地价格的崩溃相关联吗(而且至今也没有结束)?还有1992年瑞典银行系统因为房地产市场过热而导致必须国有化吗?他们果真没有注意到,1997—1998年导致东亚和东南亚经济崩溃的导火索之一就是泰国过度的城市开发吗?[5]

当这些事件发生时,世界银行的经济学家们都到哪里去了?自从1973年以来,已经发生了上百起金融危机(在此之前,金融危机要少得多),这些金融危机有不少是因为房地产或城市开发所致。对于所有思考金融危机的人们来讲,包括罗伯特·希勒,2001年以后的美国住宅市场已经明显偏离正轨。但是,罗伯特·希勒把美国住宅市场的问题看作是一个例外而非制度性问题。[6]

当然,罗伯特·希勒可以声称,以上所有其他的事例都不过是区域事件。那么从巴西或中国人的角度来看,2007—2009年的住宅危机不也只是区域事件吗?这场危机的震中是美国西南部地区和佛罗里达州(也波及到乔治亚),以及其他几个热点地区(丧失抵押赎回权的危机开始于20世纪90年代后期,但因为出现在几个老城市的贫困地区,如巴尔的摩和克里夫兰,受影响的主要是非洲裔美国人和少数民族,所以也被认为是地方性的和"不重要的")。从国际上看,西班牙和爱尔兰受2007—2009年住宅危机的影响很大。尽管程度较轻,英国也受到影响。然而,法国、德国、荷兰、波兰和当时的亚洲,房地产市场并没有出现严重问题。

可以肯定地讲,以美国为中心的区域危机波及到了全球。而20

世纪90年代早期的日本或瑞典危机却没有。1987年(这是股票严重崩盘的一年,但人们一般错误地把崩盘看成一个完全孤立的事件)爆发的美国"储蓄和贷款"(S&L)危机也造成了全球性的影响。同样的情况也发生在经常被忽略的1973年早期全球房地产市场危机。人们通常认为,1973年危机仅仅是由于1973年秋季的成品油价格上涨。实际上,房地产危机在油价上涨6个月前或更早就已经发生了。到了那一年的秋季,经济萧条已经出现(图1)。房地产市场危机(基于明显的财政收入缘故)引发了地方州政府的财政危机(而如果当时的经济萧条仅仅是油价所致,州政府的财政危机就不会发生)。因为纽约市财政是当时世界最大的公共预算之一,所以1975年纽约市财政危机的影响是巨大的(法国总统和西德总理都曾督促要求拯救纽约市,以避免全球金融市场的爆炸)。随后,纽约成为新自由主义实践的研发中心,把道德风险馈赠给投资银行,而后通过市政合同和服务改革,让居民来偿付。最近发生的房地产市场危机也已转移到加州等州政府的虚拟破产,对几乎美国各地的州政府和市政府财政以及政府部门就业都造成了巨大压力。纽约市20世纪70年代财政危机的故事与加州的惊人相似,加州现在是世界上第八大公共预算单位。[7]

国家经济研究局最近挖掘出另外一个例子,说明房地产繁荣在引发资本主义深层危机上的作用。从对20世纪20年代房地产资料的研究中,戈茨曼和纽曼(Goetzmann and Newman)认为"在20世纪20年代,公开发行的房地产证券影响了房地产建设,通过抵押品流通机制产生的房地产价值下滑可能导致随后发生在1929—1930年的股票市场崩盘"。在住宅方面,当时的佛罗里达就和现在一样,是一个大规模的投机开发中心。在1919年至1925年期间,建筑许可的票面价值上升了大约8 000%。而在同一个时期,全国范围内的

第二章 资本主义危机的城市根源

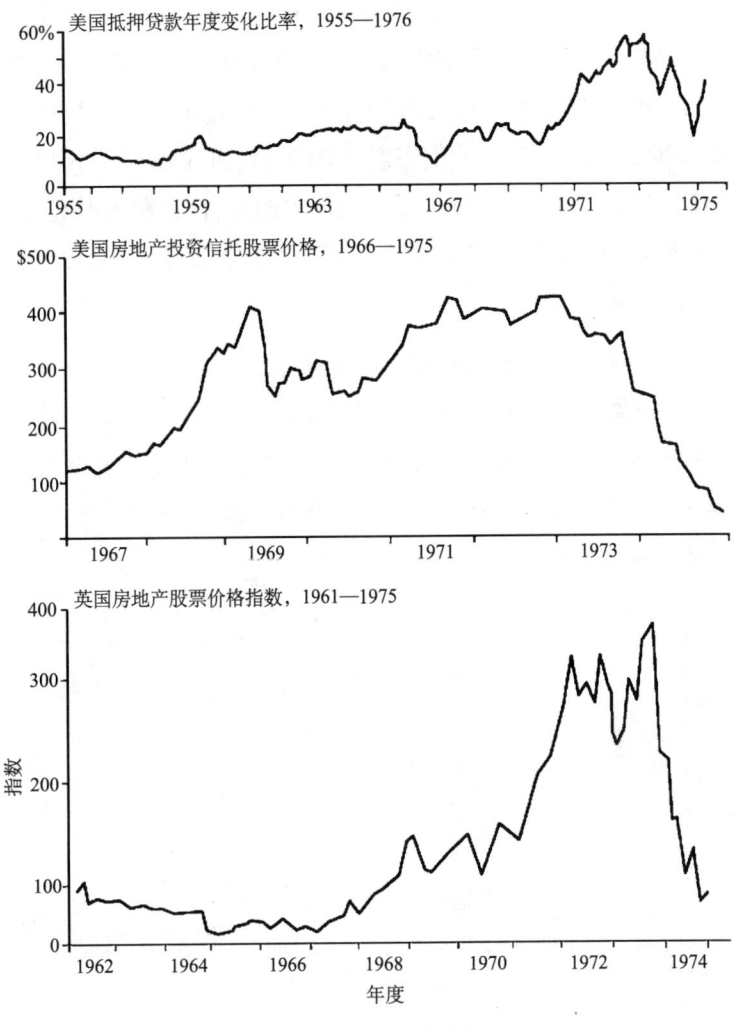

美国抵押贷款年度变化比率，1955—1976

美国房地产投资信托股票价格，1966—1975

英国房地产股票价格指数，1961—1975

图1　1973年的房地产危机

住宅价值大约增长了400%。但与当时几乎完全集中在纽约和芝加哥的商业开发相比，佛罗里达的投机开发不过是小巫见大巫而已。在纽约和芝加哥，所有的金融支持和证券化程序都在推进一个"仅本世纪头十年可以相比的"繁荣。戈茨曼和纽曼关于纽约高层建筑建设的图示(图2)可以更好地说明问题。在图中,先于1929年、1973年、1987年和2000年崩盘之前的房地产繁荣像山峰一样显著。戈茨曼和纽曼深刻地指出,我们在纽约看到的建筑代表的"不仅仅是一种建筑运动;它们更是一种广泛经济现象的宣言"。在认识到20世纪20年代的房地产证券"同现在一样",都是不良债券,戈茨曼和纽曼得出这样的结论:

> 纽约的天际线是证券化能够把公众投机与建筑企业通过资本联系起来的一种象征。对早期房地产证券市场日益增加的认识已经有可能提供模拟未来最坏情况的有用信息。金融市场的乐观主义者有力量建设起一幢建筑,但是,它并不能让建筑来偿付。[8]

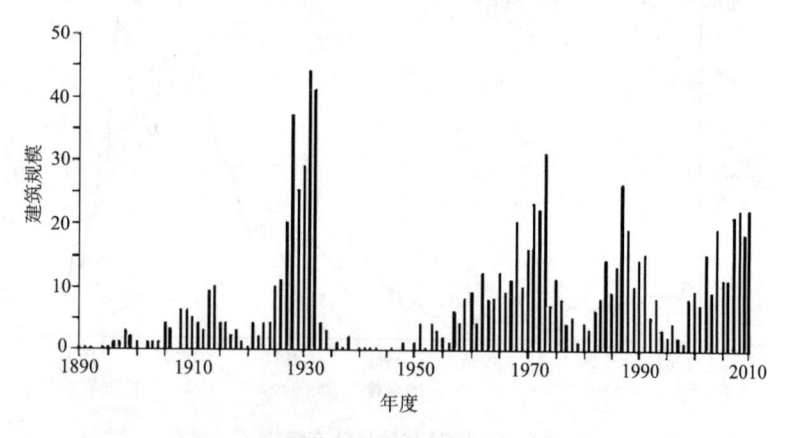

图2 1890—2010年,纽约建设的高层建筑

资料来源:William Goetzmann and Frank Newman, Securitization in the 1920s, NBER Working Paper 15650.

显然，房地产市场的繁荣和破产与投机性资金流不可分割地交织在一起，这些繁荣和破产都会产生严重的宏观经济影响，以及资源枯竭和环境恶化的外部效应。而且，房地产市场在GDP中所占份额越大，建筑环境中金融和投资之间的联系越紧密，就越有可能成为宏观危机的源头。对于发展中国家来讲，如泰国，假定世界银行的报告是正确的，住宅抵押贷款仅为GDP的10%，房地产崩盘当然会影响到GDP，但是不太可能导致宏观经济的整体坍塌（如同1997—1998年发生的那种宏观经济危机）。相反在美国，住宅抵押贷款大约等于40%的GDP，所以一定能够产生，也已经产生了2007—2009年的危机。

马克思主义的角度

不说资产阶级理论完全漠视了城市发展与宏观经济紊乱之间的联系，至少可以说资产阶级理论缺乏对这种联系的认识。因此，人们自然会想到，采用历史唯物主义方法的马克思主义者应该激烈谴责飞涨的租金以及野蛮的掠夺——这种被马克思和恩格斯称作商业资本家和房地产主对工人阶级在他们生活场所上的第二种剥削。商业资本家和房地产主本可以在城市高档化、高端公寓建设和"迪斯尼化"中，在城市里设定适当的空间，来解决针对大众的无家可归、缺少经济适用房以及城市环境恶化等问题（既有如空气质量等自然环境问题，也有社会环境恶化的问题，如濒临崩溃的学校和对教育的"善意忽视"）。在马克思主义城市规划师和批判理论家的圈子里（我也算作一个）的确有过这种批判。[9]但实际上，马克思主义的思维模式与资产阶级经济学相似，总体上都是令人沮丧的。因为真正有意义的马克思主义宏观经济的推理核心放到了其他地方，人们反而把城市规划师们看作专家。人为创造出的概念——国民经济会获得优先地位，一是因为最易获得数据，二是因为某些重大决策确实是在国民经济层面上做出的。由于人们还没有把对城市化过程和建筑环境形成的理解，综合到有关资本运动规律的一般理论中来，所以还不能很好地理解，房地产市场究竟对产生 2007—2009 年危机以及随后出现的失业和财政紧缩（多为州和市政府层次上的）有什么影响。于是，许多马克思主义理论家倾向于以他们钟爱的马克思主义危机理论（利润下降、消费疲软或其他什么）来分析最近的危机。

尽管无意，在一定程度上马克思本人对此也有责任。马克思在《政治经济学批判大纲》的导论提出，他写作《资本论》的目的为阐明资本运动的一般规律。这就意味着《资本论》集中于阐明剩余价值的生产和实现，抽象和排除掉他称之为"个别的"分配（利息、租金、税收、甚至实际工资和利润），因为它们都是偶然的、相关的和具有时空瞬间的。马克思还对特定的交换关系进行了抽象，如供应、需求和竞争状态等。他提出，当供应与需求处于平衡状态时，供应和需求不再解释任何事情，而强制性竞争规律并非资本运动一般规律的决定因素，而是其实施者。这就立即引起了这样的思考，当缺少实施机制时，比如说在垄断的情况下会发生什么呢？当我们引入空间竞争时，又会发生什么？长期以来我们已经认识到，空间竞争一般都是垄断竞争的一种形式（如在城市间竞争的情况下）。最后，马克思把消费描述为一种"特例"，由各式各样的独特消费一起构成的一般生活模式。在马克思看来，处于混乱的、难以预料和不能控制状态下的消费一般不在政治经济学的研究范围之内（马克思在《资本论》的第 1 页

第二章 资本主义危机的城市根源

上就声明,使用价值的研究是历史的事情,而不是政治经济学的事情),①而且这样的消费会对资本构成潜在的危险。哈特和奈格里(Hardt and Negri)最近致力于重新提出消费概念,他们认为,各式各样的独特消费是对抗资本的关键,它们既来自于一般生活模式的扩散,也总是回归于一般生活模式。

马克思还指出了另外一个层次——与自然发生代谢关系的层次。这种关系是所有人类社会形式的共同条件,所以与认识资本运动的一般规律无关。因为资本运动的一般规律可以理解为特定的社会和历史结构。基于这个理由(并非意味着马克思认为环境问题不重要或没有意义,只是和他在资本运动的一般规律中去掉消费一样),整个《资本论》中只是隐存着环境问题。[10]

马克思在《资本论》中贯彻了《政治经济学批判大纲》所总结出来的框架。他把重点明确地放在剩余价值生产的一般规律上,而搁置了其他的事情。随着时间的推移,他逐步认识到这样做是有问题的。他注意到,土地、劳动力、货币和商品都是生产的基本要素,而利息、租金、工资和利润作为个别分配而被排除在剩余价值生产的分析之外。

---

① 我们仔细查阅了《资本论》(第一卷)(人民出版社,2004)后发现,戴维提到的这个判断可能源于马克思的这样一段话,"每一种有用物,如铁、纸等,都可以从质和量两个角度来考察。每一种这样的物都是许多属性的总和,因此可以在不同的方面有用。发现这些不同的方面,从而发现物的多种使用方式,是历史的事情"。以及马克思写的注释(3)和(4)。这段话不是在中文版《资本论》(第一卷)的第1页,而是第48页。当然,读者对这段话的理解可能也会与本书作者的理解不同,因为戴维在这个地方把"使用价值"与"消费"做了置换。再者,马克思认为"发现这些不同的方面,从而发现物的多种使用方式,是历史的事情"是否意味着马克思认为"消费与资本运动的一般规律无关"?值得商榷。实际上,正确理解马克思是发展马克思主义的前提,而这里讨论的消费与资本运动一般规律的关系问题,消费与城镇化、城市发展的关系问题,都对我们具有十分明显的现实意义。——译者注

马克思所使用的方法的突出特点是,它可以清晰地揭示出从所处时代的特殊性和具体性(如 1847—1848 年和 1857—1858 年的危机)中抽象出来的资本运动的一般规律。这也是为什么我们至今还能相对于我们自己的时代而阅读马克思的著作。但是,这种分析方法也是有代价的。首先,马克思明确指出,因为社会是一个活生生的有机整体,对一个实际存在的资本主义社会/状况的分析需要辩证综合社会普遍的、一般的、特殊的以及个别方面。所以,我们不能期待简单使用资本运动一般规律来解释实际事件(如 2007—2009 年的危机)(我的确反对这样一些人的意见,他们试图把当前危机硬塞进利润率下降理论中)。当然,反过来讲,我们也不能试图撇开资本运动一般规律来做出解释(尽管马克思本人在《资本论》中这样地解释了 1847—1848 年"独立的和自主的"金融和商业危机,甚至在《雾月十八和法国阶级斗争》的历史研究中,马克思完全没有提到资本运动一般规律)。[11]

第二,马克思所选择的一般性抽象概念会随着《资本论》的展开而分解。这里有许多例子,最引人注目和在任何情况下都与这个命题紧密相关的是,马克思对信用制度的处理方法。马克思在《资本论》第一卷和第二卷中若干次提及信用制度,只是把它作为分配因素看待,并不打算展开。而他在《资本论》第二卷中研究的资本运动一般规律,特别是固定资本流通规律(包括在建筑环境中的投资)、工作周期、生产周期、流通次数和周转次数,等等,都迫切地需要信用制度。马克思非常清楚这一点。在回答如何为了应对不同的周转次数,预先投入的货币资本必须总是大于那些用于剩余价值生产的资本时,马克思提到,周转次数的变化如何能够"释放"一些先期投入的货币。"一旦信用制度发展起来,由流通运动机制释放的货币资本(加上固定资本逐次回流释放的货币资本和每一个劳动过程中所需要的可变资本)一定会发挥重要作用,也一定会形成信用机制的基础之一。"[12]在这个意见和其他类似意见中,可以清晰地看出对资本流通来讲,信用制度是绝对必要的,有些信用制度要素必须植入其中。当我们在《资本论》第三卷中读到有关信用制度的分析时,会发现利率(一种要素)由供应、需求以及竞争状态共同确定。而信用制度和利率这两个要素在马克思早先一般性的分析中是被排除的。

我之所以提到这个问题,是因为人们基本上忽略了马克思在《资本论》中研究资本运动一般规律的意义。当资本运动一般规律不仅需要被修改,还需要被打破时,例如对于信用和利率等,我们需要超出马克思已经提出的见解,创造出新的理论。从最开始马克思就认识到这样的可能。在《政治经济学批判大纲》中,马克思认为,消费是最难分析的,如同对使用价值的研究,消费"实际上属于经济学之外的领域"。消费存在的可能性在于"对出发点(生产)的反应,推动一个全新的过程"。[13]这一点尤其反映在生产性消费,劳动过程本身上。马里奥·特龙蒂(Mario Tronti)及其追随者,例如托尼·内格里(Tony Negri),把劳动过程本身看成一个构成要素,融合在资本运动一般规律之中。[14]当资本家寻求调动工人的"精力"去生产剩余价值时,资本家所面临的突出困难显示出,劳动过程这一特质存在于生产过程的核心(我们随后会看到这一点在建筑行业最为明显)。如果我们拿马克思的理论去解释实际事物,就必须在资本生产、流通和实现的一般规律中,包含信用制度以及利率与利润之间的关系。

尽管是在转型过程中,我们也必须小心翼翼地在保存原先认识的基础上,把信用制度综合到资本运动规律的一般理论之中。例如,我们不能简单地把信用制度本身作为一个实体来对待,即不能把信用制度看成华尔街或伦敦金融城繁荣的产物,可以自由地飘浮于实体的各类活动之上。许多基于信用的活动实际上都是投机泡沫，是一种人类对黄金和货币权力的衍生物。当然，大多信用制度对资本运行具有根本的和绝对必要的作用。在什么是必要的、什么是必要虚拟（如国家及抵押贷款债务）以及纯粹过量之间的界限是很难确定的。

显而易见，在不涉及信用体制（抵押贷款占美国 GDP 的 40%）、消费（分别占推动美国和中国经济力量的 70% 和 35%）和竞争状态（在金融、房地产、零售和许多其他市场上的垄断权）的前提下，去分析最近的危机及其后果是荒谬的。在美国，房利美（Fannie Mae）和房地美（Freddie Mac）的二级市场中约有 1.4 万亿抵押贷款，其中许多为不良资产，从而迫使联邦政府动用 4 000 亿美元来救市（大约已经启用了 1 420 亿）。为了理解这一点，我们需要解析马克思"虚拟资本"及其与土地和房地产市场的联系。我们需要找到一种途径，去理解戈茨曼（Toetzmann）和纽曼（Newman）所说的证券化如何把"投机的大众资本与建筑企业联系起来"。在这场危机中，难道不是在土地价值、住宅价格和租金上的投机发挥了根本的作用吗？

对于马克思来讲，虚拟资本不是华尔街那些吸毒成瘾的交易商大脑虚构出来的东西。虚拟资本是一种图腾。马克思在《资本论》第一卷中描述了它拜物教的特征，作为一种图腾，虚拟资本是足够真实的，但它不过是一种表面现象，来掩盖之下重要的社会关系。当银行把钱借给国家，然后获得利息时，看上去似乎国家真的有直接生产发生，国家正在产生价值，而实际上，国家所做的大部分事情（如战争）与价值生产完全没有关系。当银行把钱借给消费者去买房子，银行获得利息，看上去这个住宅正在直接生产价值，而其实不然。当银行发行债券，建设医院、大学、学校等而获得利息，这些机构似乎正在生产价值，而其实却并非如此。当银行把钱贷出用于购买土地和房地产获得租金时,租金的分配部分进入到虚拟资本的流通中。[15]当银行把钱借给其他银行,或中央银行把钱借给商业银行,商业银行把钱借给寻找适当租金的土地投机者,虚拟资本看上去越来越像一个建立在虚幻之上的无限的虚幻回归。较高的借贷比例(在银行存款10美元,再以3倍的比例借出30美元)放大了流通中货币资本的虚拟数额。这些都是虚拟资本形成和流通的例子。正是这些流通,把现实中的房地产转换成为虚拟的房地产。

马克思的观点是,偿付的利息来自于其他地方的价值生产——直接从剩余价值生产中抽取税收,或对收入(工资和利润)的征税。对于马克思来讲,生产的劳动过程是创造价值和剩余价值的唯一场所。虚拟资本流通中所发生的一切也许是维持资本主义的社会必然,也许是生产和再生产必须付出的一部分代价。通过对零售、银行和对冲基金雇员的剥削,资本家可以榨取出第二种形式的剩余价值。马克思的观点是,如果生产中没有生产出价值和剩余价值的话,零售、银行和对冲基金这些部门不可能依靠它们自己而生存下来。如果没有生产出衬衣和鞋子,零售商能出售什么呢?

当然,还有一个需要特别注意的问题。有些看似虚拟的资本实际上参与了价值创造。当我们把贷款购置的住宅变成一个雇佣非法移民的血汗工厂,那么,这幢住宅就变成了生产上的固定资本。当国家建设的道路和其他基础设施作为资本生产的集体工具时,我们必须把这些设施归类到生产条件的支出上。当医院或大学成为新药、设备等革新和设计的场所,那它就成为一个生产场地。马克思完全不会为这些问题而慌乱。正如他对固定资本概念所做的分析那样,是否作为固定资本是按照其用途,而非按照其物理属性。当我们把纺织厂的厂房改造成为公寓,固定资本会降低,而小额信贷可以把农舍转变成为从事生产活动的固定资本(这个过程要便宜许多)。

生产中创造的大部分价值和剩余价值都通过虚拟的渠道,以各种复杂的方法被抽走。当银行把钱借给另外一些银行,甚至相互利用时,显而易见所有社会意义上不必要的支付和投机动作都有可能发生,它们建立起一个浮动资产价值的永久性变动区。这些资产的价值取决于一个关键的"资本化"过程,马克思把它看成一种虚拟资本的形成方式:

> 任何有规律的周期性收入都能够在平均利率总和——即借出资本所产生的利率总和的基础上,通过估算而使其资本化……对于那些购买了所有权的人来讲,年度收入(收到的货币)确实代表了他已经投入的资本转换成了利息。在这种方式下,购买了所有权的所有者与资本稳定实际过程的所有联系都消失了,最后只形成这样一个概念,资本通过它自己的力量而自动地获得稳定。[16]

来自某些资产的收入,如土地、房产、股票及其他,按照货币市场上的供求状况来决定其利率和折扣率,确定其资本价值,并按照这个价值进行交易。在没有市场的情况下,如何评估这类资产成为了2008年的一个巨大问题,并且至今尚未得到解决。关于房利美掌握的不良资产到底有多糟糕这个疑问,几乎让每一个人倍感头痛(在没有市场的情况下,那些收回了抵押权的住宅有什么真正的价值呢?)。20世纪70年代初的传统经济理论也对资本价值有过重要争论,但像所有其他碍事的真理一样,很快就销声匿迹了。

信用制度具有的问题是,一方面它对生产、流通和实现资本流动是重要的;另一方面,它也是各式各样投机以及"疯狂形式"的巅峰之作。正是这一点,让马克思把艾萨克·贝列拉(Isaac Pereire),连同他的弟弟埃米尔(Emile)①描绘为在奥斯曼的领导下投机重建城市巴黎的统帅之一,认为他是"骗子和先知的完美结合"。[17]

通过城市化实现资本积累

长期以来我一直坚持认为,贯穿整个资本主义历史,城市化从来都是吸收剩余资本和剩余劳动力的关键手段。[18]由于城市化的周期很长,以及建筑环境中的大多投资都有很长的使用寿命,所以城市化在资本积累的过程中具有特殊作用。城市化还具有地理上的特殊属性,如空间生产和空间垄断是积累过程不可缺少的部分——不仅仅是简单地凭借改变商品在空间上的流动而推动积累,而且还凭借不断创造和生产出的空间场所来推动积累。但正是因为这样的活动(对于价值和剩余价值生产极其重要)是长期的,所以需要金融资本和国家参与相结合,形成其活动基础。从长期角度来看,创造和生产空间场所的活动显然是投机的,而且虽然这些活动的最初目的是消除过度积累,但通常会面临在今后出现更大规模过度积累的风险。所以,城市和其他形式的基础设施投资(横跨大陆的铁路和高速公路、大坝等等)都具有易发生危机的特征。在布林利·托马斯(Brinley Thomas)一丝不苟的工作中,我们能够看到19世纪这类投资呈现出来的周期性特征(图3)。[19]但是,1945年以来,人们忽略了建筑业发展周期理论,从一定意义上讲,是因为人们认为国家领导的凯恩斯式干预能够有效地消除过度积累引起的危机。

---

① 贝列拉兄弟是19世纪(1800—1889)巴黎名声显赫的金融家,他们创立了动产信贷银行,对大型基础设施做了大规模投资,如铁路和巴黎的公交系统。——译者注

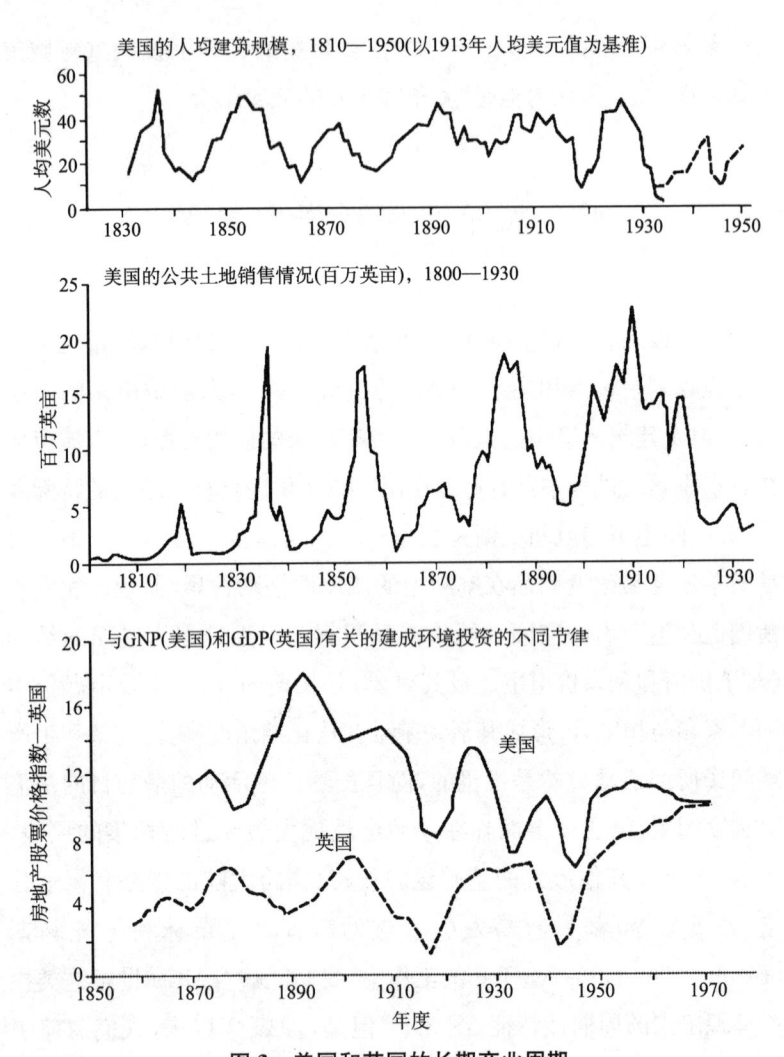

图 3　美国和英国的长期商业周期

资料来源：Brinley Thomas, *Migration and Economic Growth: A Study of Great Britain and the Atlantic Economy*, Cambridge University Press.

罗伯特·戈特利布（Robert Gottlieb）在关于地方建筑周期的详细研究中（发表于 1976 年），推定住宅建筑长期波动的平均周期大约为 19.7 年,标准偏差为 5 年。但是他的数据也表明,在第二次世界大战后,虽然不能说被消除了,却至少可以说这些波动受到了抑制。[20]然而,在 20 世纪 70 年代中期后,世界许多地方放弃了系统的凯恩斯反周期干预。这表明,出现某些周期性行为的可能多了一些。这和我们看到的一样,虽然我认为与过去相比,现在的波动更大程度地与不稳定的资产泡沫相关(虽然人们可以拿国家经济研究局 20 世纪 20 年代的数据作为反对这种看法的证据)。这些周期运动也显示出更加复杂的地理配置(这一点也同样重要)。一些地方的繁荣(20 世纪 80 年代美国南部和西部)往往对应于另外一些地方的崩塌(同一时期中西部地区老的去工业化城市)。

没有这样一种一般性的角度,我们很难理解导致 2008 年发生在美国以及西班牙、爱尔兰和英国的一些区域和城市的住宅市场和城市化灾难的动态机制。同样,我们也不能理解一些地方,特别是中国,摆脱原本由其他地方产生的困境的途径。与布林利·托马斯记录下来的 19 世纪英国和美国之间反向周期运动方式一样,大西洋此岸的住宅建筑的开发繁荣与彼岸的萧条相平衡,所以我们现在看到,以中国为中心(还有若干其他地区,特别是金砖四国)的大规模城市化和基础设施投资平衡了在美国和大部分欧洲停滞下来的建设活动。为了正确地看待这个宏观联系,我们应该注意到,美国和欧洲深陷于低增长状态,而中国的增长率高达 10%(其他金砖四国的增长率紧随其后)。

20 世纪 90 年代中期,美国住宅市场和城市发展通过投机活动吸收剩余及过度积累资本的压力增强。当时,克林顿总统启动了他的"房主的国家合作伙伴"项目,把设想的那种拥有住宅的好处馈赠给低收入和少数民族群体。包括房利美和房地美(政府担保的掌握和推销抵押贷款的企业)在内的大型金融机构迫于政治压力,降低了他们的贷款标准，以实现让低收入和少数民族群体拥有住宅的目标。抵押贷款机构喜不自胜地做出反应，随意放贷，放松监控。这些金融机构的董事们赚取了巨大的个人财富，所有这些都是在帮助弱势群体设想拥有住宅的好处的名义下进行的。在2001年股票市场危机和高技术泡沫破裂之后，这个过程迅猛加速。一时间，由房利美主导的住宅游说集团竟然成为了一个自主的中心，财富、影响力以及可以腐蚀从国会、监管机构到盛名的学院派经济学家们（包括约瑟夫·斯蒂格利茨）的能力不断增长。那些经济学家们发表了大量研究声称金融机构的这些行动风险极低。这些金融机构的影响，以及美联储老板格林斯潘所选择的低利率政策，都毫无悬念地推进着住宅生产的繁荣。[21] 就像戈茨曼和纽曼说的那样，由国家支撑的金融能够建设起城市和郊区，但是，它不一定能让它们来偿付。那么是什么在拉动着需求呢？

虚拟资本和不能持续下去的虚构的世界

为了认识住宅市场和城市化灾难的动态机制，我们必须认识生产的和虚拟的资本流通如何在房地产市场背景下的信用系统中结合在一起。金融机构把钱借给开发商、地主和建筑公司，比如说让他们在圣地亚哥周边地区建设成片郊区住宅，或在佛罗里达或是西班牙南部建设公寓。这个部门的生存依赖于这样一个假定，即价值不仅仅要被生产出来，还必须在市场上得以实现。这就是虚拟资本的来源。把钱借给假定有能力偿还（工资或利润）的购买者，于是他们的工资或利润被货币化为一个偿付金融机构借出资本的利息流。这样，就需要一个虚拟的资本流来完成住宅和商业地产价值的生产和实现过程。

第二章 资本主义危机的城市根源

这个差别类似于马克思在《资本论》中所指出的用于生产的"借贷资本"和促成价值在市场得以实现的汇票贴现间的差别。[22]在住宅和公寓建设中,假定在南加利福尼亚或佛罗里达,同样的金融公司能够提供资金来建设,或是购买已经建成的住宅和公寓。在某些情况下,金融机构组织还可以对那些未建成的公寓进行预售。所以,资本在某种程度上可以操纵和控制新的成片住宅、公寓以及商业房地产的供需两面(这与世界银行报告中假定存在的自由市场运作观念完全不同)。[23]

然而与其他商品相比,住宅和商业房地产的生产和流通时间相当长,所以,供需关系是不平衡的。因此不同的生产、流通和周转时间变得极为关键,马克思在《资本论》第二卷中对此做过非常精辟的分析。给建设提供资金的合同在出售很久以前就会签订下来,这种时间滞后常常是实质性的,尤其适用于商业房地产。纽约帝国大厦于1931年五·一节开放,几乎是股票市场崩溃后的2年和房地产危机后的3年。纽约的世贸中心规划很早,而开放则在1973年危机之后(而且开放后的许多年里,一直找不到私人租赁客户)。9·11场地的重建可能要等到商业房地产价值下滑之时!

而且由于能够进行交易的房地产存量(其中有一些很古老的地产)远大于能够建设起来的数量。所以相对于需求变化,整个住宅供应相对缺乏弹性:历史已经证明,即使用最大的力量,发达国家的年住宅存量增长很难超出2%或3%(尽管中国有可能突破这个约束)。

通过税收和公共政策噱头及其他奖励措施(如增加次级抵押贷款规模)来刺激需求不一定能够引起供应增加:它仅仅会导致价格上涨,并刺激投机。如果不能从现存住宅的金融交易中产生更多的收入,那么从建筑新的住宅中,同样不能获得更多的收入。这样,给"全国"①这类地下的抵押贷款机构提供资金,要比起给实际住宅生产提供资金更加有利可图。更具诱惑力的是投资于债务抵押债券——由成批抵押贷款组成,集聚于某些评估高到不合理的投资载体中(被认为"像住宅一样安全"),由来自住宅所有者的利息流为其提供稳定的收入(无论住宅所有者是否有信用偿还)。这就是次贷机构迅猛前进时在美国发生的事情。大量的虚拟资本流入住宅金融体系,以此推动需求,但仅仅只有一部分用于新住宅的建设。20世纪90年代,抵押贷款的次贷市场大约稳定在300亿美元左右;2000年上升到1 300亿美元,在2005年达到历史最高,约为6 250亿美元。[24]无论建筑商如何努力工作,都不可能有与如此迅速的需求增长相匹配的供应增长。于是,价格上涨,而且似乎会永远涨下去。

但是,所有这些需求增长都依赖于虚拟资本流的持续膨胀,和热衷的拜物教信仰,认为资本能够"通过资本自身力量自动稳定资本价值"。[25]而马克思的观点是,在生产所创造的价值不充分的情况下,资本通过自身力量自动稳定资本价值这样一种幻想,会不可避免地面临一个难以收拾的结局。事实也正是如此。

当然,生产中的各阶级利益也是不平衡的,这就意味着谁最终面临这个"难以收拾的结局"。银行家、开发商和建筑公司可以轻易地结合起来形成一个阶级联盟(这个联盟常常在政治和经济上支配着

---

① "全国"(Cuntrywide)金融公司曾经是美国最大的住宅信贷金融机构,其所持有的资产价值一度高达2 000亿美元,而借贷出去的资金为5 000亿美元。它曾经在全国范围建立了900个分理处,拥有62 000个雇员。2008年,"美国银行"仅仅以28亿美元并购了这家资金链断裂的金融机构。以投机发家,因投机而濒临破产,这就是这家金融机构的宿命。围绕这个金融机构的战争还在延续。具有讽刺意味的是,《纽约时报》(2013年1月15日)在报道这个企业的故事时,开篇就说,这是纽约一个屠夫的儿子开办的企业。可谓阶级阵线分明。——译者注

所谓的"城市增长机器"[26])。然而,消费者的住宅抵押贷款则是单个的和分散的,常常包括了处于不同阶级地位、人种或民族的人们,这一点在美国(虽然不在爱尔兰)尤为突出。随着抵押贷款的证券化,金融机构能够简单地把风险转嫁给其他人(例如,房利美,它致力于购置这类风险,以此作为其增长战略)——他们也确实是这样做的,在获取它们能够获取的所有本金和合法费用后,再把风险转嫁出去。这里有两种情况,一是由于变现失误而导致开发商破产,二是住宅购买者的破产和取消其抵押品赎回权。如果金融家必须在这两者之间做出选择的话,金融制度会倾向哪一方是显而易见的(尤其是当购买者来自底层、少数民族和人种,而且贷款风险已经转移的时候),阶级和种族偏见总是包含于其中。

从投机性来讲,住宅和土地构成的资产市场具有没有伯纳德·麦道夫(Bernard Madoff)领头的庞氏骗局特征。一位买家购得一处房地产,这处房地产的价格上涨,趋于上升状态的房地产市场鼓励其他人来购买这处房地产。当真正具有信用的买家消耗殆尽时,为什么不进一步降低对收入水平的限制,把目光转向较高风险的买家呢?最后转到那些没有收入和资产的买家,他们或许可以在价格上涨时通过出售这处房地产而获利。如此这样,直到泡沫破裂。金融机构只要能够获得最大的收益,它们会使用十八般兵器来刺激和维持这个泡沫。问题是,他们常常不能在船要沉没之前离开,因为这艘船跑得太快了。资本通过自身力量自动稳定的幻想不过是一时的自我满足。那些提前看到这场危机的敏锐的金融分析家,如迈克尔·刘易斯(Michael Lewis)在"大空头"中说:"天呀,这不仅仅是信用问题,这简直就是一场虚拟的庞氏骗局。"[27]

这个庞氏骗局其实一石二鸟。在美国,住宅价格上涨增加了经济的有效需求。仅 2003 年,就发放了 1 360 万份的抵押贷款(与 10

年前相比，1993年全年发放的抵押贷款不到2003年的一半），价值高达3.7万亿。其中2.8万亿用于再融资（相比较，2003年美国的GDP不足15万亿）。家庭按照他们房地产上升的价值提前兑现。随着工资停滞，按照房地产上升价值提前兑现让许多家庭具有了获取额外现金的途径，这些现金或者用于必要开支（如医疗），或者用于消费性商品（新的汽车或度假）。住宅成为一个方便的摇钱树，一个属于他们个人的提款机。这样，拉动了总需求，当然也包括对住宅的进一步需求。迈克尔·刘易斯在"大空头"中解释了这种情况。迈克尔·刘易斯的一个主要金融分析家的保姆与她的姐妹一起，最终在纽约市的皇后区拥有了6处住宅。"在她们购买了第一处住宅后，这处住宅的价值上涨了，放贷机构建议她们再融资，取出25万美元，她们使用这25万美元买了另外一处住宅。"随后，这个住宅的价格又上涨了，于是她们重复了上述实验。"最后，她们拥有了其中的五处，但随着市场的下滑，她们完全没有能力还贷了。"[28]房地产价格不可能永远上涨，也不会永远上涨。

价值的生产和城市危机

这里还有若干需要从生产方面考虑的长期和深层次的问题。虽然进入房地产市场的大部分资本纯粹是投机，但是生产活动本身还是整个经济的重要部分，建筑业占GDP的7%，与此相关的配套新产品（从家具到汽车）大约占GDP的14%以上。如果国家经济研究局（NBER）的观点是正确的话，1928年以后，建筑热的崩溃大约让住宅建筑业失去了20亿（这个数目在那时是相当巨大的），在比较大的城市，住宅崩溃开始，甚至不足原先住宅规模的10%，对1929年的

第二章 资本主义危机的城市根源

危机产生了重要的,却至今还难以明确的影响。有人在维基百科上写道:"这场灾难让建筑交易中 200 万个高工资岗位消失了,再加上利润和租金损失,让许多房地产主和房地产投资者受到重大打击。"[29] 这些都会更广泛地影响到股票市场的信心。

20 世纪 30 年代,罗斯福行政当局曾做过不懈的努力去拯救住宅部门,对此几乎没有人质疑。当时,实施了针对住宅抵押贷款金融的一系列改革,最终通过 1938 年联邦国家抵押贷款协会(房利美)的建立,创建了第二抵押贷款市场。当时房利美的任务是,担保抵押权,允许银行和其他放贷机构转移抵押贷款,以向住宅市场提供急需的流动资金。这些体制改革对第二次世界大战后美国郊区化的金融支撑起到了至关重要的作用。尽管这些改革是必要的,但是,这些体制改革还不足以让住宅建设在美国经济中另起炉灶。出于政治和经济双方面的考虑,旨在让国民拥有住宅的一系列举措不断推出。各种类别的税收奖励(如从征税总收入中减去为抵押贷款所偿付的利息),以及 GI 法案和 1947 年具有非常积极意义的住宅法——这项法律宣称,所有美国人都有权利生活在"有尊严的生活环境中有尊严的住宅"。拥有住宅曾经被推崇为"美国梦"的核心。美国家庭拥有住宅的比例从 20 世纪 40 年代的 40%,上升为 20 世纪 60 年代的 60%,在 2004 年的高峰时期接近 70%(到了 2010 年,这个比例下降为 66%)。住宅所有权可能深深埋藏在美国的文化价值观中,但在国家政策的刺激和补贴下,这种文化价值观进一步凸显出来。这些政策宣称的理由和世界银行报告中引述的完全相同,但其政治理由在现在却难以被认可。正如 20 世纪 30 年代公开提出的那样,负债的业主们不会去罢工。[30] 从第二次世界大战战场返回的军事人员一旦失业和陷入萧条,就可能会构成了一种社会和政治的威胁。比较好的办法是一石二鸟:通过大规模住宅建设和郊区化重振经济;另一方面,通过抵押贷款的方式让拥有住宅且工资收入较好的工人们进入保守的政治圈。更进一步讲,通过公共政策而刺激起来的需求使得房主的资产价值稳定升值,这有利于房主,但从合理使用土地和空间的角度来看却是一场灾难。

由于这些政策支撑了美国近 20 年的强劲增长以及良好的全球效应,所以,在 20 世纪 50 年代和 60 年代,从政治和宏观经济的角度看,这些政策是奏效的。住宅建设成为美国经济增长的另外一架马车(图 4)。本雅明·阿贝尔鲍姆(Binyamin Appelbaum)曾经写道,"通过建设更多的住宅和让住宅里充实起来,美国从萧条中复苏过来。这是一个长期模式"。[31] 20 世纪 60 年代的问题是蔓延的城市化过程虽然充满活力,但在地理上发展不均,在环境上不可承受。这种不均衡很大程度地反映出流向不同工薪阶层的收入流。郊区繁荣,而内城却停滞或衰退。白色人种的工人阶级兴旺了,然而,受到影响的内城少数民族,特别是非洲裔美国人,却没有兴旺起来。其结果是出现了一系列内城动乱,包括底特律和沃茨。在 1968 年马丁·路德·金遇刺身亡后,最终积累成为美国 40 个城市自发的暴动。成为有目共睹且不难给命名的"城市危机"(即使它并非严格意义上的城市化的宏观经济危机)。1968 年后,联邦政府释放了大规模联邦基金解决"城市危机"问题,直到尼克松总统在 1973 年的经济萧条中宣布这场危机的结束(因为财政的缘故)。[32]

与此相关的是,1968 年,房利美成为政府资助的私人企业。随后,1970 年,联邦住宅贷款公司(房地美)成立,成为房利美的一个"竞争对手"。在近 50 年的时间里,这两个机构都在推进住宅所有权和维持住宅开发方面发挥了非常重要的,当然最终是摧毁性的作用。住宅抵押贷款现在大约相当于美国累计私人债务的 40%,而其中大部分,正如我们看到的,都是不良资产。房利美和房地美现在也重新由政府掌控。如何对待房利美和房地美是一个与美国负债相关的政治问题,现在仍在激烈争论之中(如对拥有住宅需要的补贴)。无论发生什么都将对与美国资本积累相关的住宅部门和城市化产生重大影响。

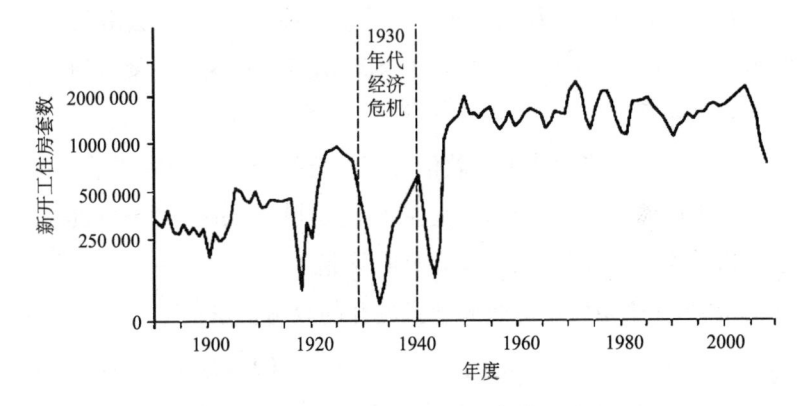

图4　1890—2008年美国新开工住宅建设

美国目前的各种迹象十分令人担忧。住宅部门还没有复苏,新住宅生产受到抑制,处于停滞状态。还有若干迹象显示,联邦资金枯竭,失业率依然居高不下,美国经济正走向可怕的"二次探底"。住宅新开工第一次低于20世纪40年代以前的水平(图4)。2011年3月,美国建筑行业的失业率超出20%,而制造业的失业率大约在9.7%——接近国家失业率的平均水平。当如此之多的住宅空闲着,根本不需要建设新的住宅,更谈不上给它们填满生活品。旧金山联邦储备银行估计,"在2016年前,建筑业可能不会回到泡沫前的平均水平,不会对经济复苏产生影响"。[33]大萧条时期,超出25%的建筑工人直到1939年末仍处于失业状态。让他们重返岗位曾经是公共干预(如WPA)的关键目标。奥巴马行政当局努力创造出的刺激基础设施投资的一揽子计划,在很大程度上被共和党人挫败。让事情更糟糕的是，美国国家和地方财政状况都非常困顿，进而导致裁员、暂时解雇和削减城市服务开支。住宅市场的坍塌，住宅价格下降了20％，这些都大大削弱了地方财政，因为地方财政在很大的程度上要依赖于房地产税。当州和市政府削减开支，建设一蹶不振时，即会产生城市财政危机。当我们把所有这些拼接在一起，看上去战后美国那段通过郊区化和住宅地产开发，实现积累和宏观经济稳定的时代已经要结束了。

在所有这些之上是出于政治而非经济理由而实施的紧缩政策。州和地方的激进右翼共和党行政部门正在利用所谓的债务危机来猛烈抨击政府项目，减少州和地方政府就业。这实际上是一个长期存在的策略，一个由资本对政府项目展开的攻击。里根把对富人的税收从72％减至30％，启动了一个以举债开展的与苏联的军备竞赛。这些做法导致了里根当局的债务猛增。正如里根的预算主任戴维·斯托克曼（David Stockman）之后提到的那样，巨额债务成为一个不去追逐政府法规（如关于环境的法规）和社会项目的方便借口，而实际上，这些都外化了环境恶化以及社会再生产的成本。

布什总统忠诚地追随了这种方式，切尼副总统宣称"里根教导我们，赤字无所谓"。[34]给富人减税、对伊拉克和阿富汗的两场没有资金着落的战争、通过政府提供资金的处方药项目给大药商送去大礼，把克林顿时期的预算结余转变成为巨额赤字。使得共和党和保守的民主党人去做大资本的竞标，尽可能外化那些资本绝不愿意承担的成本——环境恶化和社会再生产的成本。这种对环境和人民福利的侵犯显而易见，在美国和欧洲的大部分，这种侵犯的理由缘于政治和阶级，而并非经济。如同大卫·斯托克曼（David Stockman）最近指出的那样，是一场阶级战争。沃伦·巴菲特（Warren Buffett）也说，"的确是阶级之战，我的阶级，也就是富裕阶级正在进行这场战争，并赢得胜利"。[35]这里唯一的问题是:什么时候人们开始向阶级战争发起反击?经过取消抵押赎回权、城市住宅市场上持续性的掠夺、公共服务减少、以及最重要的几乎所有地方的城市劳动力市场都缺少切实的就业机会(有些城市甚至丧失了就业前景,底特律即为悲惨的代表),城市生活质量迅速下降。反击的爆发点之一将集中在迅速下降的城市生活质量上。现在的这场危机与它以前的危机一样,是一场城市危机。

掠夺性的城市实践

在《共产党宣言》中,马克思和恩格斯指出,"工人领到了用现钱支付的工资时,马上就有资产阶级中的另一部分人——房东、小店主、当铺老板等向他们扑来"。[36]但马克思主义者习惯于把这种形式的剥削和围绕这种剥削而展开的阶级斗争置于他们理论和政治斗争的边缘。但是,这里我要说的是,资产阶级中的这一部分人至少在发达资本主义经济中已构成一个依靠剥夺而实现积累的巨大利益集团,通过剥夺,货币被吸收进入虚拟资本的流通中,以支撑金融体系中所制造的巨大财富。

在住宅市场和次贷领域的危机发生以前,这种掠夺性行为就已经无所不在。在这场大规模危机爆发之前,美国低收入的非洲裔美国人就已经通过掠夺性次贷失去了大约710—930亿的资产。[37]这场剥夺来自两次浪潮——一次小规模浪潮发生在克林顿1995年宣布其目标和1998年"长期资本管理"坍塌之间,另一次发生在2001年以后。同后一次浪潮同期,华尔街的红利和抵押贷款行业的收入正在飙升,纯财务操作的收益率,尤其是那些与高成本高风险抵押贷款证券化相关的收益率,都高到前所未有。这就意味着,通过多种暗藏渠道,大规模财富从穷人囊中转移到了富人手中。在住宅市场的金融操作下,资产转移规模远远超出了明确记录在案的黑幕以及那些常有非法抵押贷款行为的公司(例如"全国")所为。[38]

而危机爆发后所发生的事情甚至更为惊人。许多取消抵押赎回权的案件(2010年,超出100万个)都是非法的,即使不是彻头彻尾的欺诈。一位佛罗里达的国会议员给佛罗里达最高法院法官写信道:"如果我听到的这些报告是真的,这些非法的取消抵押赎回权行为是银行和政府对私有财产的最大掠夺。"[39]现在,50个州的检察长正在调查这个问题,然而其中大部分人都急于结束这场调查,尽可能以个别简单的财务结算做出补偿(而不是归还非法夺取的房地产)。即使有系统伪造法律文件的确凿证据,也没人会因此而去监狱。

这种掠夺性行为由来已久。让我来讲一些巴尔的摩的案例。1969年,当我一到巴尔的摩时,就参加了一个内城住宅供应的研究项目。这个项目的研究重点在于,不同的成员——房地产业主、租赁者和住宅所有者、经纪人和放贷者、联邦住宅管理局和城市行政当局(住宅规范的强制执行者)——在马丁·路德·金(Martin Luther King)遇刺身亡后发生暴乱的内城地区,使生活条件最终陷入到老鼠出没的悲惨状况中的不同作用。在巴尔的摩市的地图上,当时把一些低收入非洲裔美国人居住区用红线标记出来,表示不能为此类地区的居民提供信用担保。其理由是他们具有很高的信用风险,而并非针对种族。在城市的若干地区,存在引诱房产主竞相削价抛售房地产的行为,给无情的房地产公司带来了高额利润。但是,为了让这些做法实际运行起来,那些被划定为高信用风险的非洲裔美国人必须能够获得抵押贷款。当时一种称之为"土地分期付款合同"的方式可以使他们获得抵押贷款。在实际操作上,房地产业主作为非洲裔美国人和信贷市场之间的中间人,"帮助"他们以房地产业主自己的名义获得抵押贷款。若干年后,当本金加利息偿还到一定程度时,这个非洲裔美国人家庭的信用度提高,这样,在友好的房地产业主和地方抵押贷款机构的帮助下,会把产权再转交给这家非洲裔美国居民。有些家庭成功了(尽管通常是在那些房地产价值衰退的街区),但对于那些居心不良的人来讲(巴尔的摩的确有这样一些人,虽然明显少于芝加哥,芝加哥当时也采用过这种制度),这种做法可能成为一种特殊的实现积累的掠夺形式。[40] 房地产业主还可以向居住者收取费用以偿付房地产税、行政和法律费用等等。这些费用(有时还有不合理的费用)也能够加到抵押贷款的本金上。在若干年的稳定月供之后,许多家庭发现,他们欠的住宅的本金比还贷开始时还多。一旦他们不能在利率上升后偿付较高的月供,这个合同会立即作废,他们也会被逐出住宅。这种做法引发了各种丑闻。民权行动开始与这些恶劣的房地产业主斗争,但却失败了。因为那些签署土地分期付款合同的人们没有阅读合同上的小字部分,或是没有他们自己的律师(穷人一般都没有)为他们做出解释(这些小字部分在任何情况下对一般人而言都是难以理解的,你读过你信用卡上的小字吗?)。

这种掠夺性做法从未终结过。20世纪80年代的"炒房"取代了"土地分期付款合同"的做法("炒房"的做法大致是这样,一个房地产商以低廉的价格购买一幢破旧的住宅,然后做一些表面的维修,夸大其价值,再为不知情的购房者安排"有利的"抵押贷款。这样购房者在房子不塌,或屋顶没被吹走之前,将享有这栋房屋)。20世纪90年代,作为对克林顿住房目标的回应,形成了次贷市场。巴尔的摩、克里夫兰、底特律和布法罗等等,都成为依靠剥夺实现积累大潮的中心(全国范围大致超过700亿美元)。2008年危机爆发后,巴尔的摩最终发起了一个针对富国银行(Wells Fargo)的歧视性次贷方式(诱惑红线区内的人们申请次贷而不是传统意义上的贷款。这种方式让非洲裔美国人和妇女主持的单亲家庭受到制度性的剥削)的民权诉讼。几乎可以肯定,这个民事权利诉讼会以失败而告终(尽管在第三次诉讼上,这个诉讼被允许继续下去),因为几乎不可能证明次贷操纵者的意图是建立在种族而不是贷款风险基础上的。照例,难以理解的小字部分允许了许多始料未及的事情(消费者们一定要当心)。在克里夫兰人们采取了更为微妙的途径:起诉金融机构对公众的滋扰,因为它们把失去赎回权的住宅扔在了城市里,破坏了城市景观,需要市政府采取行动来解决!

打击穷人、弱势群体和下层平民的掠夺性行为是多方面的。任何一个未支付的帐单(如执照费或水费)都能够成为针对一处房地产的留置权。而直到律师出现房主也许完全不知情(这种隐瞒非常蹊跷且是违法的)。结果最初的 100 美元账单可能会变成 2500 美元。对于大部分穷人来讲,这就意味着他们将失去这处房地产。在巴尔的摩最后一轮出售留置权住宅时,一小批律师购买了价值 600 万美元的住宅留置权。假定这些房地产升值 250%,如果留置权被偿还的话他们可以获得巨额财富;而如果他们购买了这些房产,在未来开发时将具有可观的升值空间。

更糟糕的是自 20 世纪 60 年代以来,在美国城市的穷人一般都在劣质的基本商品,如食品上支付了更大比例的开支,而且低收入社区公共服务的不足还会增加这些贫穷人口的经济和实际负担。这些剥夺弱势群体的经济既是持续的,也是活跃的。更令人吃惊的是,在美国大城市,如纽约、芝加哥和洛杉矶,有多少临时的和没有工作保障的低工资行业工人曾经历过某种程度的非法的工资损失:包括没有支付最低工资,没有加班费,或者推迟支付工资

长达数月之久。⁴¹

这里，我提出多种形式的剥削和掠夺是要说，在许多大都市区，这类大规模掠夺制度性地侵犯着弱势群体。我们应该认识到，工人的实际工资优惠可以很容易地被整个资产阶级通过消费领域的掠夺和剥削而收回。对于大多低收入城市化了的人群，对他们劳动力的过度剥削，和对他们微薄资产的剥夺，使他们很难维持最低限度的社会再生产条件。这是一种需要城市范围内的组织和在城市范围内做出政治反应的状况。

中国的故事

值得注意的是，在刺激中国国内市场（及消除出口产业失业）和刺激与中国贸易紧密联系的其他国家的经济上，如澳大利亚和智利的原材料，德国的机械工具和汽车出口，中国的住宅和房地产繁荣以及巨大的举债基础设施投资浪潮一直发挥着主导作用。到目前为止，中国是一个游离在这次全球资本危机之外的力量。另一方面，美国的建筑业复苏缓慢，正如前面提到的那样，建筑业的失业率是国家平均失业率的2倍多。

城市投资一般需要花费很长时间，和更长时间趋于成熟。所以，通常很难判断资本什么时间已经过度积累了，或大概在什么时间会在建筑环境投资上出现过度积累。就像19世纪铁路中经常出现的，以及建筑周期和崩溃的长期历史（包括2007—2009年的大崩溃）显示出的一样，这种过度的可能性非常高。

一旦任何问题发生，中央政府有能力对银行系统实施干预。基于这种考虑，人们并不担心几乎完全重置了中国地理空间的杂乱的城市化和基础设施投资热潮。20世纪后期在中国主导城市,如上海,房地产市场曾经历过一个相对温和的衰退,让银行拿到了大量的"无收益资产"(我们称之为"坏账"),它们中许多是城市和房地产开发的产物。非官方评估大约有40%的银行贷款是"无收益资产"[42]。当时中央政府的反应是,使用国家充足的外资储备来对银行实施资产重组(即之后在美国出现的充满争议的"不良资产救助计划"的中国版本)。据说国家在20世纪90年代后期动用了450亿美元的外汇储备来实施银行资产重组,而间接使用的资本可能更多。但是,当中国金融机构越来越与全球金融市场方向一致时,中央政府将越来越难以控制金融部门所发生的事情。

现在来自中国的报告显示,中国的情况似乎类似于本世纪初美国西南部和佛罗里达,或上个世纪20年代佛罗里达的情况。自从1998年中国住宅私有化①以来,住宅投机和建设已经采取了一种特殊的方式。有报告指出,自2007年以来,全国的住宅价格已经上升了140%,过去5年中北京和上海这类主要城市的房价上涨了800%,上海的房地产价格只是在2010年一年就翻了一番。现在,公寓的平均价格大约在50万美元(而2010年中国的人均GDP是7 518美元),甚至在二线城市,一般住宅的"价格大约为居民平均年收入的25倍",这明显是不可承受的。所有这些都表明,高速和规模巨大的住宅和商业房地产建设没有与实际需求,或是更重要的预期有效需求保持一致。[43]正在出现的强大通货膨胀压力就是这种不一

---

① "中国住宅私有化"这个判断是对中国住宅状况的一个误解。实际上,我们的住房改革是"城市住房改革",不包括从来就拥有私人住宅的乡村家庭。提出这个问题的原因是,国内一些舆论误导了外界,如进城务工的农民似乎不是住宅拥有者。的确,他们在城市里并不拥有1间房,但是他们在乡村至少拥有3间房(3—5分宅基地),甚至更多。无论城市房地产市场如何波动,都不会殃及他们。这是中国特有的现象。——译者注

致的结果之一,通货压力推动中央政府采取多种措施来限制失控的地方政府开支。

中央政府公开提出了它的担心:

> 国家的增长继续过多地与房地产开发,政府在道路、铁路和其他数百亿的基础设施项目上的通货膨胀性开支联系在一起。2011年的第一季度,固定资产投资——广义的建筑活动指标——比前一年同一时期上升了25%,而房地产投资飙升了37%。[44]

这个投资"现在大致等于国内生产总值的70%"。现代以来,没有任何一个国家达到过如此之高的投资水平。甚至日本,在20世纪80年代建筑业的鼎盛时期,也仅仅达到国内生产总值的35%,而在美国,这个数字几十年来一直徘徊在国内生产总值的20%左右。

"城市建设一直促进着政府的基础设施开支以及房地产开支,成为对中国经济增长贡献最大的元素,甚至超出对外贸易。"[45]一些大城市大量购买土地和天方夜谭般大规模的搬迁(过去10年中,北京大约有300万人作过搬迁)表明,与这场巨大的城市化一道,一个活跃的剥夺热潮正在席卷全中国。被迫搬迁和剥夺是出现社会冲突事件的重要原因之一。

把土地出售给开发商一直是地方政府财政收入的一棵摇钱树。但2011年早期,为了把握失控的房地产市场,以及因粗暴的土地占用而引起的激烈抵制,中央政府要求遏制土地出售,这就让许多地方政府发生了财政困难。"地方政府债务的明显上升和对投资公司(许多是由地方政府主办)借贷监管不力"成为中国经济的主要风险,不仅给中国也给世界的未来增长投下了一个巨大的阴影。截至2011年,中国政府估计的市政债务大约在2.2万亿元,"大约相当于国家 GDP 的 1/3"。其中大约 80％的债务由账外的投资公司所有。这些公司由市政府支持,但并不隶属于地方政府。正是这些投资公司以无与伦比的速度,建设新的基础设施和让中国城市显得无比壮观的标志性建筑。但是,市政当局累计起来的债务是巨大的。拖欠大潮"可能成为中央政府的一个巨大的责任,因为中央政府本身还欠有大约 2 万亿"。[46]伴随着一个长期的"日本式停滞"的崩溃非常有可能出现。2011 年,中国经济增长减速,导致进口减少,有可能会波及世界上那些依靠给中国市场提供原材料而兴旺起来的国家或地区。

同时还可以看到,中国内陆全新的城市,几乎还没有任何居民或实际活动,正在美国的商界出版物上推出令人惊讶的广告项目,以期把投资者和公司吸引到这类全球资本主义崭新的城市前沿。[47]如果不再往前追溯,自 19 世纪中叶以来的城市发展一直都具有投机性,而中国发展的投机规模已经超越了人类历史的任何时期。同时,全球的剩余流动资本都需要被吸收,正在以复合率增长的全球剩余流动资本规模亦达到历史最高。

正如战后美国郊区化蓬勃发展时出现的情况,所有与住宅相关的配套设施和附属物的生产也随之繁荣。中国城市化的蓬勃发展也发挥着其中心作用,不仅以汽车(中国现在为世界最大的市场),而且以广阔范围的产品消费刺激着全球经济增长复苏。"据估计,中国的消费占全球主要商品和材料的 50％,如水泥、钢铁和煤炭等,中国的房地产是这种需求的主要驱动者。"[48]由于至少有一半的钢铁用于建筑环境,这就意味着,现在只建筑类活动就吸收了全球钢铁产量的 25％。中国并非唯一房地产蓬勃发展的地方,所有的金砖四国都在走相似的道路。去年,圣保罗和里约热内卢的房地产价格都翻了一番,印度和俄罗斯的情况也基本相同。但是应该注意到,所有这些国家都在经历着总体经济的高速增长和强大的通货膨胀。强大的城市化潮流是迅速从 2007—2009 年衰退中走出来的关键。

问题是,如果这个复苏的根基主要放在投机的城市发展上的话,这个复苏如何可以持续下去呢？中国政府通过逐步提高银行存款准备金来控制房地产热和平息通胀压力的做法尚未成功。与土地和房地产紧密联系的"影子银行系统"已经浮现出来,成为了新的投资载体(类似于在美国和英国 20 世纪 90 年代出现的那些新的投资载体),但却很难对这些机构实施监控。土地占用和通货膨胀的加剧导致不稳定因素的扩散,有关状况的官方报道也大量增加,调整工资的行动,以及旨在消除不稳定因素和刺激国内需求的政策也在不断出台——国内市场成为停滞不前且风险较大的出口市场的替代品,目前中国的消费仅占 GDP 的 35%,而美国的消费大体占 GDP 的 70%。

当然,所有这些都必须在中国政府处理 2007—2009 年全球经济危机的具体环境下加以理解。当时,这场危机对中国的主要影响是出口市场(特别是美国市场)的突然坍塌,2009 年初出口下降了 20%。若干合理和可靠的评估认为,在 2008—2009 年这样一个非常短的时间内,中国出口部门大约损失了近 3 000 万个工作岗位。而国际货币基金组织的报告中,2009 年秋季中国净工作岗位流失仅为 300 万个。[49]毛工作岗位和净工作岗位流失之间的某些差别可能是由于失业的城市移民返回到他们的家乡。还有一部分原因是,出口快速复苏,工人们又重新返回工作岗位。但是余下的相差部分几乎毫无悬念地是由于中国政府实施了凯恩斯式的大规模城市和基础设施投资刺激项目。中央政府另安排了 6 000 亿美元来扩大已经很巨大的基础设施投资项目(累计 7 500 亿美元用于建设 13 035 公里的高速铁路和 17 702 公里的一般铁路)。[50]中央政府同时指示银行向所有形式的地方政府项目提供大量贷款（包括房地产和基础设施部门），以此吸收剩余劳动力。这些大规模项目旨在引导经济复苏。现在中国政府宣称，在2008—2010年，创造出大约3 400万个新的城市工作岗位。如果国际基金组织有关净工作岗位流失的数字是正确的话，在吸收如此巨大的剩余劳动力的目标上，中国政府无疑是成功的。

而一个大问题是，这些国家开支是否是"生产性的"？如果是生产性的，是生产什么和为谁生产的呢？许多投资项目几乎是闲置的，如靠近东莞的巨型购物中心。那些散布在城市景观中的许多高层建筑也是如此，还有那些等待人和产业进驻的空着的新城。有一点毫无疑问，中国国土空间能够通过更深入和更有效的空间整合获益，基础设施投资和城市化项目的巨大浪潮至少似乎也在表面上把不发达的内陆与沿海地区，把缺水的北方和富水的南方联系起来。在大都市区层次上，城市增长和城市更新过程也似乎将现代技术和多元化活动（包括所有不可或缺的文化和知识型产业机构，例如上海世博会，非常具有美国和欧洲新自由主义城市化的特征）应用于城市化。

从某些方面讲，中国的发展效仿和放大了战后美国的发展。在战后的那些年里，把美国的南部和西部联系起来的州际高速公路系统，以及郊区化，在维持就业和资本积累中都发挥过举足轻重的作用。从另外一种层面看这种类比也是有意义的。美国1945年后的发展不仅仅在能源和土地使用上是挥霍的，而且还给被边缘化、被排斥和具有反叛性的城市人群带来了深刻的危机，因而引发了20世纪60年代后期的一系列政策反应。在1973年危机之后，这些政策都销声匿迹了，当时，尼克松总统在他的国情咨文中提出，城市危机已经结束，联邦基金将被撤销。这在市政府一层产生的影响是，城市服务方面的危机以及包括公立学校、公共医疗卫生和70年代后期出现的经济适用房供应不足在内的一系列衰退，其后果令人震惊。

中国加快城市和基础设施投资的战略正在把这两种倾向压缩到几年之中。上海和北京之间的高速火车对商人和中产阶级来讲是不错的，但昂贵的票价令它难以成为一种在新年期间把农民工送回家乡的可负担的交通系统。相类似，高层公寓、封闭式社区、富人享乐的高尔夫球场以及高端购物商场，并不能真正帮助那些骚动不安的贫困大众重建小康生活。事实上，沿社会阶级而出现的城市发展偏向是一个全球性问题。这种发展不均衡倾向发生在印度以及世界无数其他的城市，那里被边缘化的人群正在集中，而另一方面，高度现代主义的城市化和消费正在为财富不断增加的少数富裕人群所享用。如何对待这些贫困的、缺乏安全的和被排斥在外的人们已成为一个重要的政治问题，这些人已经成为许多城市的大多数和公认的主导力量。所以，军事计划现在高度集中在如何应对动荡的和可能出现在城市地区的社会运动。

在中国，有一个解决这类问题的有趣战略。自1978年开始的改革以这样一种认识为基础——分权是实施集中管理的最好方式之一。这种观点是让区域和地方政府，甚至于村庄和镇，在中央控制的框架内和市场协调下寻找适合他们自己的发展道路。通过各种地方项目产生成功方案，然后成为中央政府政策形成的基础。

来自中国的报道表明，一些地方政府"把国有企业的市场利润转向传统的社会主义项目，使用它们的收入去支撑经济适用房和交通设施的建设"。住宅目标带来了一个"大规模建设项目"，旨在为生活在这个区域的上千万人的1/3提供便宜的公寓。比方说市政府计划建设20个卫星城，每个卫星城的人口大致在30万左右。在每一个卫星城里，将有5万人居住在由国家补贴的住宅里。这些项目的目标是(与世界银行的建议相反)减少过去20年里在中国不断加剧的社会不平等。这是针对那些为由私营开发商牵头为富裕人群建设封闭社区项目的一剂解药。但是这个方案的消极方面是,它加速了对农村土地的剥夺,使农民进入被迫的城市化中,最终成为各种抵制和不满的基础,而后反过来再出现压制性的反应。

这种使用私营部门实现公共目的的做法正在为中央政府提供一种模式。以这种方式,中国计划在解决资本剩余吸收问题的同时,为乡村人口的进一步城市化、吸收剩余劳动力、通过给贫困人口提供合理的保障住房以消除社会不满等,开辟一条道路。[51]美国1945年后也出现过类似的城市政策:在保持经济增长的同时,通过住宅保障,安抚潜在的不满人群。消极方面是以暴力方式反对必需的土地征购时有发生(当然,中国人固守着毛泽东的口号"有所得,有所失")。

但中国的其他地区还存在着市场导向的发展模式,特别是沿海地区和南方城市,如深圳。那里提出的方案非常不同。更强调政治改革和听上去更像资产阶级的城市民主,以及更深入的自由市场目标。在这种情况下,正在扩大的社会不平等被认为是维持经济增长和竞争的必要代价。中央政府究竟采取何种方式目前还不可预测,这里的关键是以城市为基础的这些倡议在引领不同未来抉择上的作用。但是,实现未来目标的方式不能牢牢地植根于国家和市场之间非黑即白的选择。

中国最近几十年来城市化所产生的意义是惊人的和令世界震撼的。当在其他地方难以找到产生利润的机会时,通过城市化吸收过剩的流动资金和过度积累的资本,这种方式在最近几次危机中确实起到维持资本积累的作用,不仅在中国,而且在世界上的大部分地区。然而这种方式到底有多稳定还是一个悬而未决的问题。迅速扩大的社会不平等(在世界亿万富翁总数中,中国现居第三位)、环境恶化(中国政府也公开承认这一点)、关于建筑环境中资产过分扩张和被高估的多种信号,这些都意味着中国"模式"存在着隐患,很容易一夜之间从功臣变成资本主义发展的新问题。如果中国"模式"失败,那么资本主义的前景的确堪忧。中国"模式"的失败意味着,寻找反资本主义的其他方案是唯一的出路。如果资本主义的城市化形式完全存在于资本主义再生产中,而且是资本主义再生产的基础的话,那么,中国"模式"的失败还意味着,不同的城市化形式必然成为反资本主义方案的中心。

资本的城市化

资本再生产以多种途径通过城市化过程得以实现。但是,资本的城市化预先假定了资产阶级有能力支配城市发展。这就意味着资本家阶级不仅凌驾于国家机器之上(尤其是凌驾于国家权力方面——管理和控制领土范围内的社会和基础设施),而且还凌驾于整体国民之上——整体国民的生活方式、劳动力、文化价值、政治价值以及他们的世界观。这种控制如果存在的话,一定来之不易。所以,产生这种控制的城市和城市过程是政治、社会和阶级斗争的主战场。在此之前,我们已经从资本的立场上考察了这种斗争的发展。接下来我们还需要从那些在城市发展中努力获取自己生活和日常生活再生产的人们的角度来考察城市发展——包括城市发展的法律制度和限制,以及城市解放和反资本主义的可能性。

第三章 创造城市共享资源

城市是各种人和各种阶级融合在一起的地方。尽管有些勉强，且争论不休，但是，各类人和阶级还是创作出虽短暂和瞬息万变的共同生活。长期以来，这种共同性一直是所有城市学派探讨的焦点，也是各种创作和艺术（小说、电影、绘画、录像等等）的鲜明主题。这些作品都在试图揭示出这种生活的特征（或是在某一时间和地点，一个特定城市的生活特性）以及它的深刻含义。在长期的城市乌托邦思想史中，我们记录下人类有关改造城市形象的所有热切愿望。如同帕克会说的那样，"缘自我们内心的渴望"。最近，人们又重新开始强调丧失城市共同性的问题，这反映出最近发生的私有化浪潮的深重影响，在这个私有化浪潮下，出现了圈地、空间控制、监控城市整体生活，尤其是城市发展过程中出现新的社会关系（新平民）的可能。而这类私有化的城市发展即使不是被资产阶级利益所支配，也受到其影响。哈特（Hardt）和奈格里（Negri）提出，我们应该"把都市看成生产共享资源的工厂"，他们提出这个命题意在以此作为反资本主义批判和政治行动的切入点。如同城市权利一样，"把都市看成生产共享资源的工厂"这个观点非常吸引人，但是，它究竟意味着什么呢？如何把这个观点与关于共享资源的创造和利用的争论联系起来呢？

我已经记不清我看到过多少次加勒特·哈丁（Garrett Hardin）的经典文章，"共享资源的悲剧"，被引述为关于私有产权在土地和资源利用上具有卓越效率的无可辩驳的论点，进而推出私有化的公正性也是不可辩驳的[1]。这个误读部分源于哈丁的比喻,若干私人农场主,为了最大程度地增加他们的个人收益,在一块公共土地上放牧。私人农场主个人从新增的存栏中获益,而因此产生的公共土地的肥力下降则波及到所有的使用者。于是所有的农场主都不断地增加存栏数,最终导致这块公共土地的肥力丧失殆尽。但是,如果人们共同拥有这些牛,哈丁的比喻就没有意义了。这里揭示的是,私人财产和个人收益最大化行为才是问题的核心,而不是这个资源的公共财产属性。然而,这些都并非哈丁所关切的根本问题,哈丁关注的是人口增长。他担心是否要孩子的个人决定最终会摧毁全球公共财产和耗尽所有资源(马尔萨斯(Malthus)也是这样讲的)。在他看来,唯一的解决办法是对人口实施集权控制。[2]

我用这个例子想强调,对城市共享资源的思维方式已经陷入到一组非常狭窄的假定中,这些假定很大程度上源于英国中世纪末期出现的圈地运动。所以,常常在私人财产和专制性的国家干预之间采用非此即彼的思维方式。从政治角度来看,整个问题都被一种内在的反应所掩盖(出于对很久以前所谓的共同行动的道德经济的眷恋),或支持圈地,或如大部分左派那样,反对圈地。

埃莉诺·奥斯特罗姆(Elinor Ostrom)在她的著作《管理共享资源》(*Govering the Commons*)[3]中尝试破除某些假设。奥斯特罗姆系统地整理了人类学、社会学和历史的证据,证明如果这些农场主相互交流(或具有共享的文化规则),那么,他们可能很容易地解决任何共享资源问题。奥斯特罗姆以无数的例子证明,为了个人和集体的利益,个人常常能够做出精妙的设计,非常理智地管理共享资源。她所关心的是,为什么在一些情况下他们这样做成功了?而在什么情况下,他们可能不成功?她的案例研究打破了许多政策分析家一个信念——即对外部当局而言,解决共享资源问题的唯一方式是,或执行完全的私人财产权,或执行集中管理。与这种信念相反,她的案例研究证明解决共享资源问题的方式是,"把公共的和私人的手段充分混合起来"。以此结论,奥斯特罗姆可以与那种把政策简单看成在国家和市场之间做二选一的正统经济学一较高低。

当然,奥斯特罗姆的大部分例子涉及的占有者不足百人。如果涉及太多人数的话(她的最大例子是 15 000 人),她发现,因为不可能在所有人之间进行直接的协商,所以需要一个"巢式"的决策体制。这就意味着需要一个有等级层次的组织形式来处理如全球变暖这类宏观问题。很不幸,"等级层次"这个术语不受传统思想欢迎(奥斯特罗姆也在避免使用),也让许多当代左翼思想家们不舒服。在许多激进的人们看来,唯一政治上正确的组织形式应该是非国家、非等级、水平开展的。为了避免某些巢式等级结构有可能是必需的这样一种暗示,人们倾向于回避那些如何管理大规模的(相对于小的和地方的)资源共享问题(例如,哈丁关心的全球人口问题)。

显而易见,在具体分析中有一个关于"规模问题"的技术困难。我们需要仔细评估"规模问题",但目前这方面的研究还很少。存在于一种规模上(如一个小河流域里上百家农场的共同水权)的共享资源的合理管理不能用到全球变暖这类问题上,甚至也不能用到火电厂引起的酸性物质在区域范围沉降这类问题上。当我们做"规模跳跃"(jump scales,地理学家们喜欢这样说)时,整个共享资源问题的性质和对解决方案的期待都会显著改变。[4]在一种规模上看似很好的解决方案并不一定适应于另外一种规模。更糟糕的是,在一种规模上(假定是地方的)显然适用的方案不一定适用于向上综合(或向下分解)的规模(如全球规模)。这就是为什么哈丁的比喻如此具有误导性:他使用一个在公共草场上私人资本运行的小规模案例来阐述全球问题,仿佛无论怎么改变规模都是没有问题似的。

顺便说一下，这就是为什么从一个小规模实体组织在共享资源管理上所取得的有价值经验不能在没有"巢式"和等级层次组织的形式下转换为全球问题的解决方案。正如我已经提出的那样，现在许多左翼团体厌恶层次观念。对组织偏好（例如纯粹水平的）的盲目崇拜也常常阻碍了他们探索适当的和有效的解决方案。[5]需要再次重申的是，我并非说水平的组织原则不好，实际上，我认为水平的组织原则是很好的。但是，我们应该承认，作为一种支配性的组织原则，水平组织存在局限性，我们应该准备在必要的时候超越它。

在共享资源和被认定为丑恶的圈地之间的关系上也存在着混乱的认识。对于比较宏大的事物来讲（特别是全球规模的事物），划定某种界限常常是保护一些有价值的共享资源的最好方式。这看起来是一个矛盾的命题，而它反映的也的确是一种矛盾的情况。例如，给亚马逊河流域划定严格的界限，有利于保护作为我们全球自然和文化共享资源的一部分的生物多样性和土著人文化。毫无疑问，应该要求国家权力机构保护这些共享资源，以应对打着庸俗民主旗号的人们为了短期金钱利益而在这块土地上种植大豆和发展畜牧业。我们并不认为所有形式的划界圈地都是坏事。在一个无情的商品化世界里，建立和划定非商品化的空间当然是一件好事。然而，在这种情况下，可能会出现另外一个问题：为了满足保护生物多样性的需要，让土著人口离开他们的森林（正如"世界自然基金"常常鼓动的那样）。保护一个共享资源可能要以其他事物作为代价。当我们建立起一个自然保护区，公众就不能再接近它。但假定保护一种共享资源的最好方式就是排除其他，这样的想法是危险的。例如，大量联合森林管理项目表明，改善栖息者和森林生长的双重目标，即让传统使用者继续使用森林资源，常常能够使双方均获益。虽然我们迫切需要把通过划定界限保护共享资源这一观念作为一种反资本主义战略来进行探索,但却并不容易实现。而实际上,左翼的对"地方自治"的共同需要也是某种划界圈地的要求。

我们必须做出这样的结论,共享资源的问题是矛盾的,因此总是充满争议。在这些争议的背后是社会的和政治利益的冲突。实际上,雅克·朗西埃(Jacques Ranciere)曾经说,"政治是永远存在争议的一个共同的活动领域"。[6]在最后,分析家们常常留下一个简单的抉择:你站在哪一边？你寻求保护哪一种公共利益和依靠什么方式来保护它？

富人们现在有这样一种嗜好,比如把自己圈进封闭式社区里。在那里,确立一种排他的共享资源。原则上讲,这与 50 个使用者分享一个水源而不考虑其他人的情形没有什么不同。富人们甚至还有胆量把他们的专属城市空间标榜为传统村庄的共享资源,例如,亚利桑那州凤凰城的"科兰德花园"(Kierland Commons),被描绘为一个"具有零售、餐饮和办公室等功能的城市村庄"[7]。激进团体也能够购置空间(有时他们通过行使私人财产权,集体购买一幢建筑,用于某种进步的目的),以此为基础,进一步开展政治上的共同行动。或是在某些被保护的空间里建立起一个公社或苏维埃。玛格丽特·科恩(Margaret Kohn)描述的作为 20 世纪初意大利政治中心行动的"人民的房屋"就是这种空间。[8]

并非所有形式的共享资源都意味着是开放的。有些(如我们呼吸的空气)是开放的,而另外一些(如我们城市的街道)虽然原则上是开放的,但在商务改善区形式下被管理、监控、甚至交由私人打理。还有些共享资源(例如由 50 个农民控制的共同水源)从一开始就是专属一个特定的社会团体的。奥斯特罗姆第一本书中的大部分例子都属于最后一种。在最初的研究中,奥斯特罗姆把她的调查限定在所谓的"自然资源"上,如土地、森林、水、渔场等。(我说"所谓的"是因为所有的资源都具有技术、经济和文化价值,所以,都是属于社会的。)

之后,奥斯特罗姆与很多同事和合作者一起考察了其他形式的共享资源,如遗传物质、知识、文化资产等等。现在,这些共享资源也在很大程度上受到了商品化和圈占的围攻。例如,经过热衷于迪斯尼化的遗产业之手,文化的共享资源被商品化了。而遗传物质和科学的知识产权、专利更是我们这个时代最热门的话题之一。出版公司在收取费用后才允许人们阅读科学技术期刊上发表的论文,从中本应该对所有人开放的共同知识的使用问题已经暴露得清清楚楚。过去20多年以来,关于建设一个开放的知识共享资源的研究、具体方案以及法律斗争层出不绝。[9]

最后这种关于文化和知识的共享资源常常不受稀缺性规则的制约,或大部分自然资源所具有的排他性约束。我们可以共同听一个电台播音或共同观看一个电视节目,而不会使资源减少。哈特和奈格里写道,文化共享资源"是动态的,这既包括劳动产品,也包括未来的生产手段。这种共享资源不仅仅是我们共享的地球,还有我们创造的语言,我们建立起来的社会行为,以及确定我们关系的社会模式等等"。这些共享资源是逐步建立起来的,原则上应向所有人开放。[10]

城市人的特质展示在城市多样性的空间里,甚至在那些圈占起来的、由社会管理的、或由私人和公共(或国家)利益共同占据的空间里。公共空间、公共物品与共享资源之间有一个重要区别。城市里的公共空间和公共物品一直都在国家权力和公共行政的管辖范围之内,而它们并不一定来自共享资源。在整个城市化历史中,通过公共或私人财富提供的公共空间和公共物品(如卫生、公共医疗、教育等)对资本主义发展具有重要作用。[11]城市在一定程度上是严酷的阶级冲突和斗争的场所,所以城市行政管理常常被迫给城市化的工人阶级提供公共物品(如可以承受的公共租赁住宅、医疗、教育、铺装的道路、卫生和水)。当这些公共空间和物品很大程度上具有共享资源的品质时,需要市民和人们采取政治行动去占领它们,或使它们变成共享资源。当社会力量为了相互的利益使用、保护和提高公共教育时,公共教育就成为了一种共享资源(在这里让我们为教师家长会欢呼)。当人们聚集在雅典的宪法广场、开罗的解放广场和在巴塞罗那的加泰罗尼亚广场表达政治观点和提出要求时,这些公共空间就成为了城市共享资源。街道是一种历史上常常通过社会活动而转换成为革命运动共享资源的公共空间,以及血腥镇压场地的公共空间。[12] 围绕如何建设、使用以及由谁且按照谁的利益来管理公共物品等总是存在着斗争。为了共同目的占领城市公共空间和公共物品的斗争正在进行。但是,为了保护这个共享资源,保护决定共享资源品质的公共物品的数量常常至关重要。当新自由主义政治减少了流向公共物品的资金,也就减少了可以使用的共同资源,迫使社会集团寻求其他的方式来支撑这样的共享资源(例如教育)。

所以,共享资源并不是作为一种特定事物、资产甚至特定的社会过程建立起来的,而是作为一种不稳定的和可以继续发展的社会关系而建立起来的,这种社会关系存在于某一自我定义的社会集团和它实际存在的或打算创造的,对其生存和生活至关重要的社会和自然环境之间。实际上,存在着一种创造共享资源的社会实践。这个实践产生或建立起一种共享资源的社会关系——或专属于一个社会集团,或部分的或完全的向所有人开放。创造共享资源的核心是这样一个原则:社会集团和作为共享资源对待的环境之间的关系将是集体的和非商品化的,不受市场交换和市场估价规则限制。这个观点对于区分公共物品和共享资源极其重要:前者是由生产性的国家开支创造的，后者是为了完全不同的目的以一种完全不同的方式创造、使用，即使它最终间接地提高了提出主张的那个社会集团的财富和收入。就像一个社区园地本身能够看成一件好事，无论那里可能生产什么食品，并不妨碍它出售其中一些。

许多不同的社会集团基于不同的理由致力于创造共享资源。这就让我们回到这样一个根本问题上——在创造共享资源的斗争过程中，应该支持哪些社会集团，又不支持哪些集团？极端富裕的社会集团如同其他任何一个社会集团一样也在极力保护他们居住区的共享资源，而且在创造和保护这些共享资源上更有力量和影响。

即使共享资源本身并不是一个商品，但总是能够进行交易，尤其是在不能被封闭起来的时候。例如，一个城市的氛围和特征是它的市民们的集体产物，然而，旅游业将这种共享资源商业性地资本化，以获得垄断租金（详见第四章）。个人和社会团体通过日常活动和斗争建立起了城市社会，建立起了某种共同的东西，以此作为所有人都可以生活于其中的框架。这种文化创造的共享资源不会通过使用而被摧毁，却会由于过度滥用而退化和被庸俗化。街道的交通拥堵几乎不能让街道再用做公共空间，甚至对司机也一样（更不用讲步行者和示威者）。这最终会导致缴纳拥堵费和使用费，以限制使用，让街道功能可以更为有效。这种街道并不是共享资源。当然，在汽车出现之前，街道曾常常是一种共享资源——大众社会交往的地方，儿童嬉戏的空间（像我这个年龄的人都记得，街头曾是我们日夜玩耍的地方）。然而，这种共享资源被摧毁了，转变为一种由汽车支配的公共空间（城市行政当局通过安排步行街、街头咖啡、自行车道、供游戏休闲使用的街头小型公园等等，来恢复一些过去的"较文明的"公共场所）。然而，这种创造新型城市共享资源的努力非常容易被资本化，实际上，它们可以从设计上就贯彻这种思想。城市公园几乎总是增加了周边房地产的价格（当然，城市公园受到管理，还有警察巡逻，以对付流氓和毒品交易）。纽约新建设的"高线公园"对附近居民房价产生了巨大影响，这样，随着迅速攀升的租金，纽约大部分市民在这个地区难以获得他们可以承受的住宅。这种公共空间的建设大大地减少而不是提高了为所有人创造共享资源的潜力，而得到收益的却是非常富裕的那群人。

正如在哈丁的那个道德故事中一样，真正的问题不是共享资源本身，而是个人化的私人产权没有按照他们承诺的方式去兑现公共利益。所以，我们为什么不集中关注牛群的个人所有和个人收益最大化行为，而不是把关注点放到公共草场上，把它作为一个基本问题提出来呢？自由主义理论中，私人物权存在的公正性在于，在通过公正和自由市场交换体制实现的社会融合中，私人物权应当使共同利益最大化。通过在强大国家权利框架内的竞争利益私有化产生共同财富（霍布斯（Hobbes）所说）。约翰·洛克（John Locke）和亚当·斯密（Adam Smith）等自由主义理论家们也明确表达了这种观点，而且直到今天，还在继续传扬。当然，现在的伎俩是淡化需要强大的国家权力这点，而事实上，是有时粗暴地使用国家权力。对于全球贫困问题，世界银行继续向我们保证的是（很大程度上依靠德·索托（de Soto）的理论），贫民窟的所有人都拥有私人物权而且可以申请小额信贷（这种小额信贷让世界的金融家们得到高额回报率，而不少参与者却因面临当奴工抵债而自杀）。[13] 而神话依然盛行：一旦穷人内在的经营本能作为一种自然力被解放出来，所有的事情都会好起来，长期的贫困问题将会被打破，共同财富将会得到提高。实际上，这只是支撑中世纪末期英国圈地运动的一个论点，当然这个论点并非一无是处。

对于洛克来讲，个人物权是一个天赋的权利，个人通过把他的劳动力与土地结合起来,进而产生了这种天赋的权利。他们的劳动果实属于他们,并且仅仅属于他们。这是洛克劳动价值理论的精髓。[14]当一个人把自己的产品拿到市场上与另一个人创造的具有同等价值的东西进行交换时,这个人拿回了自己创造的价值,通过市场交换使得这种权利社会化。事实上,个人通过价值创造和假设的自由公正的市场交换,维持、延伸和社会化了他们的私人物权。正如亚当·斯密所说,这就是国家财富怎样最简单地被创造出来,共同利益怎样最好地得到贯彻。亚当·斯密所说的并非完全没有道理。

然而,这里的假设是,市场能够公正自由。在存在阶级的政治经济中,国家将通过干预让市场公正自由(至少亚当·斯密劝导当权者这样做)。然而,洛克的理论则不然,他认为没有创造价值的个人不能宣称物权。因此"生产性的"殖民主义者剥夺北美土著人是公正的,因为土著人没有创造价值。[15]

马克思如何对待这个命题呢?马克思在《资本论》的开卷几章中接受了洛克的故事(当然,这里的讨论是具有讽刺意味的。例如,马克思对《鲁滨逊漂流记》(*Robinson Crusoe*)中那个奇怪角色做了政治经济学分析,在分析中,被扔进大自然中的人表现得如同一个真正的英国企业家)。[16]当马克思开始分析劳动力如何通过在公正自由的市场上买卖而成为个性化商品时,我们看到洛克故事的面具被揭开了:一个建立在等价交换基础上的体制,通过生产中(不是在资产阶级法权和合宪性能够获胜的市场中)对劳动力的剥削,为持有生产工具的资本所有者生产出剩余价值来。

当马克思分析到集体劳动问题时,洛克的理论被进一步瓦解。在可以自我掌控生产工具,且能够在相对自由的市场里进行自由交换的艺术生产者的世界里,可能会有人同意洛克的故事。但马克思认为,从18世纪末发展起来的工厂系统让洛克的理论失去价值(即使它们开始时并非如此)。在这样的工厂里,劳动是组织起来的集体劳动。如果从这种形式的劳动中还能推出任何物权的话,那么,这个物权一定是集体的或者共同拥有的,而不是个人的。创造价值的劳动这一概念是洛克私有财产理论的基础,但是在集体劳动的情况下,创造价值的劳动不再是个人的,而变成了集体的。因此,共产主义应当在"自由人协会"的基础上发展起来,"自由的人们使用共同拥有的生产工具,作为一个单一的劳动力量,在完全自我认知的情况下发挥他们多种不同形式的劳动力"[17]。马克思并没有主张国家所有制,而是主张某种生产共同利益的集体劳动者所有制。

马克思通过让洛克有关创造价值的论点成为自己的驳论,从而揭穿这种所有制形式的本质。先假定一个资本家以 1 000 美元的资本开始生产。第一年,这个资本家从那些把劳动与土地混合起来的劳动者那里获得 200 美元的剩余价值,然后,在个人消费中花掉了这笔剩余。5 年以后,这 1 000 美元应该属于集体劳动者,因为是他们把自己的劳动与土地混合起来。这个资本家已经花光了他或她最初的财富。[18]按照这个逻辑,资本家们如同北美的土著群体一样,理应丧失他们的权利,因为他们本身没有创造价值。

这个观点听起来离奇,但其实是曾在 20 世纪 60 年代末提出的"瑞典梅德纳"(Swedish Meidner)计划[19]——对公司利润征得的税款(工会会与之相应对工资进行一定限制)由工人管理基金保存,而后把这笔基金再投资到公司,并最终买断这个公司。这样,合作的劳动者们将共同管理这家公司。资本方竭尽全力抵制这种想法,这个计划也从未执行过。但是,这个观点值得被考虑。我们得出的核心结论是,现在正在创造价值的集体劳动必须享有集体的而不是个人的物权。价值,即社会必要的劳动时间是资本主义的共享资源,以衡量财富的一般等价物——货币为体现。所以,共享资源并非曾经存在而后又消失的东西,而是持续创造出来的东西,如城市的共享资源。问题是这种共享资源正在被继续地圈占起来,被资本以商品化和货币化的形式所占有,即使它是由集体劳动不断地创造出来的。

获取土地和不动产租金是在城市背景下占有共享资源的基本方式。[20]一个努力维持街区民族多样性和反对高档化的社区团体可能会突然发现,当房地产代理人向富人们推销他们街区多元文化的、充满活力的和多样性"特征"时,这个街区的房地产价格(和税收)上升了。这时,市场起到了破坏作用,不仅剥夺了原住民创造的共享资源的权力(居民常常会因为租金和房地产税上涨而被迫离开),而且这种共享资源本身也会因此而面目全非。南巴尔的摩通过高档化方式所做的街区复兴取代了原先充满活力的街道生活。过去在炎热的夏夜里,人们坐在门廊上纳凉。而改造后的街区是安装了空调和防盗装置的住宅,门前停放着宝马,屋顶成为凉台,街上没有一个人影。按照当地人的看法,振兴即意味着失去活力。这种命运也同样威胁着哥本哈根的克里斯蒂娜、汉堡的圣保利区、纽约市的威廉斯堡和小飞象,同时也是摧毁纽约市苏豪区的力量。

南巴尔的摩是一个用来解释这个时代城市共享资源真实悲剧的极好案例。那些创造出了精彩而令人振奋的街区日常生活的人们输给了房地产经营者、金融家和上流阶层消费者。一个社会群体创造的共享资源品质越好,越有可能被个人收益最大化的利益所侵占。

这里还有一个必须提出来的分析要点。从很大程度上讲,马克思所设想的集体劳动仅限于工厂。如果我们如哈特和奈格里建议的那样扩宽这个概念,现在大都市区构成了一个由城市集体劳动创造出的巨大的共享资源。使用这个共享资源的权利必然属于所有创造这份共享资源的人们。所以,声称城市权利的基础,建立在创造城市共享资源的那一部分集体劳动上。争取城市权利是反对资本从他人创造的共同生活中无情获取利益和赚取租金的斗争。这就提醒我们，真正的问题在于物权的私人特征以及赋予这些物权占用劳动和他人集体产物的那些力量。换句话说，真正的问题不是共享资源本身，而是在那些以各种规模创造出共享资源的人们和那些为了个人利益占有共享资源的人们间的关系上。与城市政治相关的大量腐败都与公共投资如何分配到生产那些看上去像共享资源的东西相联系，而它们其实只是促进了享有特权的房地产业主获取私人资产收益。城市公共物品和城市共享资源之间的区别既是易变的，也是易于渗透的。以公共利益的名义由国家补贴的开发项目的最终受益者只是一小部分房地产主、金融家和开发商，这样的事还少吗？

那么如何在整个都市区里，创造、组织、使用和占有城市共享资源呢？创造共享资源的活动如何在地方街区层次得以展开还是相对清楚的。需要将某些环境问题置于市场外考虑的同时，调动个人及私人的积极性来组织和把握其外部效应。地方政府通过法规、规范、标准和公共投资等方式参与其中，与此相关的还有正式和非正式的街区组织（根据实际情况，一个社区协会可能有或没有政治活动及激进性）。城市环境内的领地战略和圈地常常成为政治左翼推进它们主张的载体。巴尔的摩的低收入和不稳定劳工组织者宣布整个内港地区为"人权区"——一种共享资源——在那里的每个工人都应该获得一份可以维持生活的工资。奥尔托的街区协会联盟涉及地区成为2003和2005年奥尔托反抗的基地，在那里，整个城市被集体动员起来，反对政治权力的主宰形式。[21] 划界圈地是一个临时的政治手段，以期获得一个共同的政治结果。

然而，马克思描述的一般结果依然存在：如同哈丁故事中的农场主们所做的那样，通过强制性的竞争以期效用（收益）最大化的资本

第三章　创造城市共享资源

产生出的

> 技术进步，不仅仅抢劫了工人，还抢劫了土地；在一定时间里增加土壤肥力的所有进步都会破坏肥力的持久性。一个国家从作为发展背景的大规模工业中收益越多，如美国，这种摧毁性过程就发展得越为迅速。所以，资本主义生产发展了技术及生产的社会过程，但同时破坏了所有财富的源泉——土地和劳动者。[22]

资本主义的城市化永远都可能摧毁作为社会的、政治的和适于生活的共享资源的城市。

这个"悲剧"类似于哈丁所描绘的那种情景，但是，其逻辑完全不同。如果不被监管的话，个别资本的积累永远都会威胁着所有生产形式赖以存在的两大基本共同财富资源：劳动者和土地。我们现在栖息的土地是人类集体劳动的产物，而资本主义城市化涉及城市共享资源（或公共空间和公共物品的投影）的永续生产和私人利益对城市共享资源的永久占有和毁坏。再加上以复利增长的资本积累（通常最少达到3%），资本主义城市化对环境（包括"自然的"和建筑的）和劳动力的威胁随时间在规模和强度上逐步升级。[23] 看看底特律的城市废墟，我们就能够感觉到资本主义城市化有多么大的破坏性。

城市共享资源的概念之所以重要，是因为它以高度集中的形式提出了关于共享资源的所有政治矛盾。例如，我们考虑从地方街区和政治组织转向作为整体的大都市区域的规模问题时，一般认为公共资源，如供水、交通、污水处理和供娱乐使用的开放空间都需要集中的城市人口才能有效率运作，所以传统上大都市区层次上的共享资源问题一般通过州层次的区域和城市规划机制来处理。但是，当这些问题综合在一起时，左翼分析家一般变得含糊起来，期待出现一些对区域或全球都有效的神奇一致的地方行动,或在返回到自己的领域(他们最擅长的微观和地方规模)之前,简单地表示一下宏观尺度确实是一个重要的问题。

我们能够在比较传统的圈子里了解到最近对共享资源的思考。例如,在关于小规模案例的诺贝尔奖讲座中,奥斯特罗姆使用了这样一个副标题"复杂经济系统的多中心管理",以表示她已经有了解决多种规模共享资源问题的一些办法。事实上,奥斯特罗姆所做的一切不外乎是希望表达这样一种观念,"当一个公共储备资源与大规模的社会、生态系统紧密连接在一起时,管理行动是在多个巢状层面上组织起来的"。但是,奥斯特罗姆坚持,她没有使用任何单中心的等级层次结构。[24]

这里至关重要的问题是解释一个多中心管理系统——或与穆雷·布克金(Murray Bookchin)提出的自由主义市政联盟类似的组织——怎样实际运作,而且保证并没有在它的表象下掩饰着其他不同的事物。这个问题不仅困扰着奥斯特罗姆,也同样困扰着大量激进的左翼共产主义者该怎样处理共享资源问题。基于这样的理由,对此做出正确的评判是非常重要的。

在提交给"全球气候变化"会议的一份论文中,奥斯特罗姆以对市政区域内提供的公共物品的长期研究为基础,进一步详细阐述了有关多中心管理系统的性质。[25]由来已久的假定是,把公共服务供应集中到大规模都市区形式的政府手中将提高其效率和效益,而不是相反,按照大量的看起来混乱的地方行政单位来组织公共服务。然而,令人信服的研究显示情况并非如此。理由可以归结为,在一个较小的行政辖区内,由具有着强烈参与意识的地方居民来组织、推行集体和合作行动会更加容易,再加上参与能力会随着行政管理规模的扩大而迅速减小。奥斯特罗姆最后引述了安得鲁·萨克顿(Andrew

Sancton)的话来说明这个观点：

> 市政当局不仅仅是服务的提供者。它们还是民主机制，通过这些民主机制，以区域划分的社区成员在地方层次上进行自我管理……那些迫使市政当局相互合并在一起的人们总是声称他们的动机是让市政当局更为强壮。这样一种方式的愿望是好的，然而，它却侵蚀了我们自由民主的基础，因为它破坏了在中央政府机构之外能够有其他自治形式的观念。[26]

除市场效率和效益外，采用较小规模还有一个非商品化的理由。

奥斯特罗姆做了这样的总结，"大规模单元是都市区有效率管理的组成部分，而中小规模的单元也是必要的组件"。她提出，"需要严肃地重新思考"这些较小单元的建设性作用。由此而产生的问题是如何建设较小单元之间的关系。文森特·奥斯特罗姆(Vincent Ostrom)认为这个答案是"多中心秩序"，在这个"多中心秩序"中，"每个元素都独立于其他元素行动。许多元素都可以按照一般系统规则相互调整它们间的关系"。[27]

这个图景有什么错误吗？整个命题的根基是"蒂布特假说"①。

---

① 1956年，查尔斯·蒂布特(Charles Tiebout)建立了一个地方公共物品的供给模型(蒂布特假说)：1. 假设具有消费者和投票者双重身份的居民能够充分流动，流向那些能够最好地满足他们公共物品需要的地区；2. 居民对各地公共产品收入—支出模式具有完全信息；3. 有许多地区可以供居民选择；4. 不考虑各地对就业机会的限制，所有的人都靠股息来维持生活；5. 各地区的公共产品不存在外部性；6. 每一种社区服务模式都是由城市管理者根据该社区原有住户的偏好来设定的；7. 为降低平均成本，没有达到最优规模的社区将试图吸引新的居民，超过了最优规模的社区反之，处于最优规模的社区则力图保持其人口数量不变。根据上述假设，居民以选择居住地的方式表达了对地方公共物品的需求，类似于在市场上的选择行为，能够实现各地区公共物品的供求均衡，并使资源配置达到帕累托最优。——译者注

蒂布特（Tiebout）所提出是一个分割成块的都市区，都市区里的各个行政辖区都有自己的地方税制和可能向居民提供的一组特定的公共物品，居民将"以脚投票"，来选择适合于他们需求和偏好的税制及服务组合。[28]这个提议一眼看上去似乎非常有吸引力。但问题是谁越富有，谁就越容易选择，越容易支付进入该地区的门槛（购买该区的土地及房屋）。优越的公共教育由高房价和高税收支撑，所以穷人没有权利获得优越的公共教育，不得不在公共教育低劣的穷困辖区生活。通过多元中心管理产生的阶级特权和权力的再生产与新自由主义社会再生产的战略几乎一致。

与许多更激进的分散自治设想一样，奥斯特罗姆的设想也可能掉入新自由主义的陷阱。新自由主义政治学其实既支持行政管理的权力下放，也支持地方自治的最大化。这一方面给激进的社会力量播种革命种子的空间，而反革命活动也在2007年以自治的名义使用武力接管了科恰班巴（Cochabamba）。这就意味着，大部分左翼把地方主义和自治作为单一策略是有问题的。在美国，被推崇为自治社区主义样板的"克里夫兰举措"的领导，却支持一个极右翼且反工会的共和党人担任州长。

通过新自由主义化，权力下放和自治使不平等现象日益加剧。在纽约州，财政资源差异巨大的行政辖区之间公共教育服务水平参差不齐，法庭认为这种不平等违反宪法，命令纽约州向平等提供教育方向发展。然而纽约州并没有这样做，而且现在利用财政紧急状态为借口进一步拖延。但这是州法庭在较高层面上决定的任务，在认定平等对待是一种宪法权上，州法庭起到了关键作用。奥斯特罗姆并不排斥这种较高层次的规则制定。独立、自治的社区间关系需要以某种形式建立和管理起来（所以，文森特·奥斯特罗姆提到"建立起来的规则"）。但是我们还是不知道这些高层命令是怎样制定的，由谁制定的,它们又怎样对民主管理开放。对于整个都市区而言,有些规则(或习惯做法)是必要的,也是至关重要的。而且不是仅仅被建立和提出,还必须被执行和积极地监督(对于所有的共享资源)。我们只要看看"多中心"的欧洲区,就足以了解会发生什么问题:所有的成员都应当遵守约束它们预算赤字的规则,一旦大部分成员违规,也就再无法强迫它们遵守或处理各国之间出现的财政不平衡问题。约束各个国家执行碳排放目标也同样毫无希望。"谁把'共享资源'放到公共市场上?"对这个问题的历史回答可以正确地表述为,每一件事都错在管理的层次结构形式上。但当成千上万的市政府正努力保护它们的自治权和势力范围时,无休止地(毫无疑问也是尖锐地)关于它们在欧洲范围内劳动力划分上的协商完全没有什么吸引力。

如果没有某种较高层次的分级授权,彻底的权力下放(这个概念本身是一个有价值的目标)如何能运转起来呢?没有强有力的层次结构的约束和积极推动,相信多中心或其他形式的权力下放能够运转起来是天真的。大部分激进的左翼,尤其是无政府主义和自治主义的追逐者,都无法回答这个问题。他们认为国家干预(更不用说国家的强制性和监控)是不能接受的,他们原则上拒绝承认资产阶级的合法性是符合宪法的。他们有一种模糊的和天真的愿望,认为各种社会团体能够做正确的事情,因为他们已经圆满地安排了他们与地方共享资源间的关系,或这些社会团体能够通过协商和相互作用实施某种令人满意的团体间行为。而且地方团体还必须不受他们行动所产生的外部效应的影响,必须放弃原先积累起来的优势,在各社会团体内民主分配,以援助或补贴附近(就不提距离的影响了)其他人的福利——那些因错误的决定或不幸而陷入饥饿和困苦的人们。除去偶然或一次性的例子,历史没有任何证据可以证明这种再分配可以真正运行。所以,没有任何事物能够阻止社区间社会不平等的扩大。这与新自由主义行动非常一致,不仅保护了而且进一步赋予阶级权力结构以特权(纽约州立中小学校的财政崩溃就是对此的清晰证据)。

穆雷·布克金(Murray Bookchin)清楚地认识到这种危机,他认为,"在最好的情况下,自由主义的地方自治方案很容易沦为一种空谈,而在最坏的情况下,则会被用来追求狭隘的地方利益"。穆雷·布克金的提案是"联邦主义"。在市政集会通过直接民主形成决策基础时,国家将被"联邦的市政集会网所代替;公司经济简化为真正的政治经济,在这种政治经济中,市政当局在公开集会上以市民身份在经济和政治上相互作用,解决它们的实际问题"。这些联邦集会专门用来管理和治理市政集会决定的政策,联邦集会的代表对市政集会负责,且按照市政集会的愿望可被随时撤消。联邦议会

> 成为把村庄、城镇、街区和城市连接成为一个联邦网络的方式。这样,权力来自下边而不是自上而下,在联盟中,自下而上的权力随着联邦议会从地方到区域,从区域到更为广阔的地域的规模增加而减小。[29]

在处理不同规模共享资源的创造和集体使用问题上,穆雷·布克金的设想是迄今为止最成熟的激进设想,值得详细展开成为激进的反资本主义计划的一个部分。

过去30年多年以来,由于新自由主义对社会公共物品供应的猛烈攻击,共享资源的创造和集体使用问题面临着更大的压力。这个问题与20世纪70年代对有组织劳动者的权利和权力的全面攻击相对应(从智利到英国),但是,这种攻击直接集中在劳动力社会再生产成本上。资本一直偏好把社会再生产成本作为一种外部事物——即资本不对社会再生产承担市场责任——然而,到了20世纪70年代,

在发达资本主义国家,社会民主运动和来自共产主义的威胁迫使资本内化某些社会再生产的成本以及一部分环境恶化的外部成本。自1980年以来,新自由主义政策的目标一直是把这些成本转嫁到社会再生产和环境的全球共享资源上,生成一个全球人口都被迫生活于其中的负面的共享资源。关于社会再生产、性别和共享资源的问题都是相互联系的。[30]

2007年以后,资本对全球危机状况的反应一直都是执行一个严峻的全球紧缩计划,减少支撑社会再生产和环境改善的公共物品供应,从而降低了上述共享资源的品质。全球紧缩计划还利用这场危机推进了私人对共享资源的更具掠夺性的活动,以此作为增长复苏的必要前提。例如,为私人目的使用政府征用权占有空间(违背了这类法令最初设计时的"公共效用"目的),就是把公共目的重新定义为国家资助的私人开发项目的典型案例。①

从加利福尼亚到希腊,这场危机导致了城市资产价值、权利和大众应享有的权益丧失,以及对低收入和迄今仍被边缘化人口进行掠夺的资本权力的扩张。总而言之,这场危机是一场对社会再生产和环境共享资源的全面攻击。全球大约20亿以上生活在不足2美元一天状态下的人口,被卷入"所有次贷形式的次贷"的小额信贷——搜刮走他们的财富(如同美国的住宅市场,通过掠夺性的次级贷款,最终让借贷者丧失其抵押品),为富人的华丽别墅贴金。环境共享资源受到同样的威胁,已经拿出的方案(如碳交易和新的环境技术)只是提出需要打破僵局,但仍然使用最初就让我们陷入困境的资本积累以及投机的市场交换方式。所以毫不奇怪,不仅贫困依然与我们

---

① 戴维在这里提出了一个我们也正面临的政府以公共目的强制征用房地产的问题。——译者注

同在，而且陷入贫困的人数还在随着时间不断增加。例如，在这场危机中，印度经济增长可观。过去3年里，印度亿万富翁从26个增加到69个，而在过去10年里，贫民窟的居住人数翻了一番。这些对城市的影响令人震惊，在城市中心那些长期闲置或无人问津的地区，豪华的空调公寓拔地而起，而被赶出来的贫困人口为获得一些可以接受的生存条件而挣扎。

过去那些遏制积累掠夺行为的法律法规虽然不适当，但是，解除它们所释放出来的却是不顾后果的积累和金融投机，再加上资本主义城市化所带来的后果，已经变成名副其实的建设性摧毁的洪流。只有通过剩余产能和分配的社会化建立起面向所有人的共同富裕，这种建设性摧毁才能得到控制和扭转。

正是在这个背景下，重提共享资源这个概念和理论才有了新的意义。如果国家供应的公共物品逐步减少或成为私人积累的载体（如现在的教育），如果国家撤销了公共物品供应，那么只会有一个可能的反应——人们自我组织起来提供他们自己的共享资源（如在玻利维亚所发生的，我们将会在第五章看到）。能够生产、保护共享资源且把共享资源用于社会利益的政治认知将成为一个抵制资本家权力和重新思考反资本主义政治的框架。

然而，这里的问题并非是混合的制度安排——在这里圈地，在那里扩大多样性的集体和公共资产——而是用统一的政治行动提出这样的观点，在资本的手中，劳动力和土地资源（包括建筑环境这个"第二自然"中的资源）正在不断衰退。奥斯特罗姆着手寻找"丰富的各种手段的组合"——不仅仅是公共的和私人的，还有集体的和合作的、巢状嵌套的、等级层次的、水平的、排他的和开放的——所有这些都会在寻找组织生产、分配、交换和消费方式上发挥关键作用，在反资本主义基础上，满足人类的愿望和需求。但这种丰富的组合并不是现成的，而是必须创造出来的。

这里的要点是并不为占有生产共同财富的阶级的共同财富去实现积累的要求。归还共享资源，作为一个政治问题，必须以非常特殊的方式与整个反资本主义的斗争统一起来。不幸的是，就像房地产利益者从现实的城市共享资源中萃取价值一样，现存的政治权力也很容易利用共享资源的观点（如同城市权利）。所以关键在于改变所有这些，找到使用集体劳动的力量去争取共同利益的创造性方式，将生产出的价值保留在生产者手中。

这就需要一个双面的政治夹击。一方面要推动国家为了公共目的提供更多的公共物品，另一方面需要将全体人口自我组织起来，占有、使用和补充这些公共物品，以扩大和提高非商品再生产的共享资源和环境共享资源。在如孟买、圣保罗、约翰内斯堡、洛杉矶、上海和东京这样的城市里，城市公共物品和城市共享资源的生产、保护和使用成为民主社会运动提出的中心问题。这样，尤其是在资本主义的城市化还在不断产生和占用共享资源的时候，需要比现在关于共享资源的那些主流激进理论更具丰富想象力和精细的理论。共享资源在城市形成和城市政治中的作用只是到了现在，才在理论上和激进的实践中被明确承认。还有很多工作需要去做，当然，在世界范围的城市社会运动中有大量迹象表明，有许多人和批判性的政治力量可以去做这些工作。

第四章 地租的艺术:全球化、垄断和文化的商品化

过去几十年里,从事文化活动和生产的劳动者数量显著增加(20世纪80年代早期,纽约都市区的注册"艺术家"大约有15万人,现在,这个数目可能已经翻了一番),而且还在持续增长。他们形成了丹尼尔·贝尔(Daniel Bell)称之为"文化大众"(并非创造者本身,而是传媒或其他行业的文化转送者)的创造核心。[1] 这些年来,从事文化活动和生产的劳动者们不断改变着他们的政治立场。20世纪60年代,艺术院校曾经是激进思想的发祥地。但随后的安抚和职业化严重削弱了它们激励政治的传统。虽然可能需要重新调整社会主义战略和思想,但是对于左翼来讲,振兴这些机构,让它们成为政治参与和动员文化生产者政治力量的中心,无疑是一个有意义的目标。毫无疑问,这是一个商业化和市场刺激支配的时代,在文化生产者中也隐藏着许多不同的政见和不满情绪,它们让文化领域成为对新型共享资源生产表示批评和政治动员的沃土。

文化是一种形式的共享资源,但不可否认,文化曾几何时已经成为了某种类型的商品。虽然人们普遍认为,文化产品和事件(艺术品、剧场、音乐、电影院、建筑或更为广泛的具有特性的生活方式、历史遗产、集体记忆和情感上的社区等)的确存在着某种特殊的东西,使它们不同于衬衣和鞋子等一般商品。尽管这样两种商品的边界很不清晰(也许越来越不清晰),但在分析上还是可以对它们加以区别

的。也许我们之所以要区分二者，只是因为我们不能忍受文化创造物和文化事件与商品之间不具有本质区别的想法。认为较之于大规模生产和消费的商品，这种文化独创性存在于人类较高层次的活动和意义之中。然而，即使我们清除掉所有的一厢情愿（常常以强大的意识形态为基础），还是会有一些特别的东西以文化形式沉淀下来。艺术工作室和画廊区，音乐人相会和演奏的那些咖啡馆和酒吧街，都不同于服装店。并不能因为它们也需要获得收益以支付地租就认为它们相同。那么如此之多的商品特性怎样与它们的文化特征融合起来呢？

垄断地租和竞争

对文化生产者本身而言，他们对美学（有时他们甚至致力于理想中的艺术）、情感价值、社会生活和心灵事物更有兴趣，"垄断地租"这样的术语对他们来讲太技术性也太乏味了，以至于他们所关注的也就是金融家、开发商、房地产投机者和房主们的计算结果而已。但我想说明的是，"垄断地租"具有更宽泛的意义：只要安排适当，"垄断地租"能够多方面多视角地解释资本主义全球化、地方政治经济发展和文化意义、美学价值演进间的关系中产生出来的事情和个人困境。[2]

私人业主对一定资产的垄断权是所有地租的基础。出现垄断地租，是因为社会行动者凭借对直接或间接可交易物品（这些可交易物品具有某种独特性质，且不可复制）的专属控制，在长时间内获得高额收入。在以下两种情形下会出现垄断地租。由于社会行动者控制了与某种活动相关的具有特殊品质的资源、商品或区位，使得他们能够从希望使用这些资源的人们那里收取垄断地租。马克思指出，在生产领域最明显的例子是生产特殊葡萄酒的葡萄园，那些具有特殊品质的葡萄酒能够以垄断价格在市场上出售。在这种情况下，"垄断价格创造了垄断地租"。[3]有关区位方面则是对运输、通讯网络，或某种高度集中的活动（如金融中心）的向心性。商业资本家和旅店老板都会因区位的便利性而为这块土地偿付额外的费用。

这些都是垄断地租的间接案例。在这里用来交易的并不是具有独特品质的土地、资源或区位，而是通过对它们的使用产生的产品或服务。第二种情况是对土地、资源或资产直接进行交易（即把葡萄园或优质房地产卖给具有投机目的的跨国资本家和金融家）。通过控制减少现有使用，能够造成土地、资源或资产的稀缺，从而投机其未来价值。这种垄断地租能够延伸到艺术品的所有权，如罗丹和毕加索的作品可以作为投资来买卖（这种状况越来越多）。毕加索的作品的独特性形成了其垄断价格的基础。

这两种形式的垄断地租又常常是交叉的。以一种葡萄酒而闻名的葡萄园（以及它独特的别墅和美丽的自然景观）即能够以垄断价格直接进行交易，也可以在它的土地上生产风味独特的葡萄酒。毕加索的作品也可以为获利而购入，然后再以垄断价格租赁给另外一个观赏者。接近金融中心的空间可以直接或间接地被酒店等购买使用。当然，这两种租赁形式之间的差别是重要的。例如，威斯敏斯特教堂和白金汉宫不太可能被直接交易（尽管不是完全不可能，但即使最热衷的私有化者也会感觉踌躇）。但是通过旅游业市场，威斯敏斯特教堂和白金汉宫可以也正在被间接交易（其中白金汉宫由女王掌控）。

垄断地租本身具有两个矛盾。这两个矛盾对以下讨论都很重要。首先，唯一性和特殊性对定义"特殊品质"至关重要，但能够交易又意味着没有任何物品能够独特到完全处于货币计算之外。毕加索

第四章 地租的艺术:全球化、垄断和文化的商品化

的作品必须具有货币价值,莫奈的作品、马奈的作品、土著人的艺术品、考古发掘出的文物、历史建筑、古代纪念物、佛教庙宇、科罗拉多的漂流经历、在伊斯坦布尔或珠穆朗玛峰顶的经历也都必须有货币价值。从这里的例子可以明显看出,"市场形成"确实存在一定困难。虽然艺术品和一定程度的古文物已经形成了市场,但这里列举的东西里,还有一些难以直接归并到市场中(威斯敏斯特教堂就是其中一例)。许多东西甚至连间接交易都很困难。

这里的矛盾是,越容易销售的东西,它们的唯一性和特殊性就越少。在某些情况下,市场本身具有摧毁独特品质的作用(特别是当这些品质依赖于野生、偏远,或美学方面的纯粹程度等)。更一般地讲,当一些东西或事件越容易市场化(易于伪造、仿制、模拟等),它们越难以成为寻求垄断地租的基础。这里我想起一个学生抱怨说与迪斯尼经历相比,她的欧洲经历太平庸了:

> 在迪斯尼乐园里,所有的国家都靠得那么近,它们给我们展示了每个国家最好的一面。欧洲是枯燥的。人们说着陌生的语言,东西都那么肮脏。有时,我们在欧洲一连好几天都见不到什么有趣的事情。然而在迪斯尼乐园,不同的事情随时都在发生,人们都是那么高兴。迪斯尼更好玩,设计得非常好。[4]

这是一个可笑的判断,然而,它也反映出欧洲人如何正按照迪斯尼的标准重新设计自己(不仅仅是为了美国旅游者的利益)。但是,这就是矛盾的核心——欧洲越迪斯尼化,它的唯一性和特殊性就越少。同纯粹的商品化混合起来的同质性将去除垄断的优势,文化产品原则上与商品已不再有什么不同。"把消费品提高成为公司品牌或在美学价值上占据垄断地位的品牌已经替代了初级的或'通用'产

品",沃尔夫冈·豪格(Wolfgang Haug)写道,这样"商品美学"才能延伸它们的边界,"深入到了文化产业中来"。[5]但每一个资本家都试图说服消费者,他们的商品具有唯一性和不可复制性(通过建立品牌、做广告等)。来自两边的压力都要挤去构成垄断地租的独特品质。如果想要维持和实现垄断地租,就必须找到某种方式以保持某些商品或地方足够唯一和特殊(我在后边会说明足够这个词的意思),以在激烈的商品化竞争经济中维持其垄断优势。

在竞争市场本应占主导地位的新自由主义世界里,为什么会容忍垄断,更不用说把垄断看成是可取的呢?这里,我们面临第二个矛盾,第二个矛盾其实是第一个矛盾在根源上的反映。正如马克思在很久以前指出的那样,竞争总会导致垄断(或寡头垄断),因为在竞争战中,最适宜的生存者会清除掉那些实力不如自己的企业。[6]竞争越激烈,走向寡头垄断(即使不是垄断)的速度越快。所以最近这些年以来,市场自由化和市场竞争已经产生了令人难以置信的资本集中(微软、鲁珀特·默多克、贝塔斯曼、金融服务,以及席卷航空、零售,甚至如汽车、石油等许多传统行业的收购、兼并和整合浪潮)。长期以来,人们认为这种倾向是资本主义发展机制中的一个棘手问题——所以,美国设立了反垄断法,欧洲有垄断和兼并委员会。但这些不过是对一种压倒性力量的微弱防御而已。

如果不是为了让资本家们积极培育垄断权力,资本主义的发展机制也就不那么重要了。现今资本家们已实现了对生产和销售的广泛控制,从而可以稳定他们的商业环境,允许他们做出合理的计算和长期计划,减少风险和不确定性,在总体上让他们自己能够相对顺利和无忧无虑地生存下去。如阿尔弗雷德·钱德勒(Alfred Chandler)指出,对于资本主义历史地理学,公司看得见的手要比亚当·斯密大量论述的市场看不见的手重要得多。而且最近这些年来,公司看得见的手一直作为当代全球化中新自由主义意识形态的引导力量招摇过市。[7]

市场发展主要依赖于各类资本家对包括资金和土地在内的生产工具所有权的个人垄断，正是这点使第一个矛盾清晰地浮现出来。所有的地租都是对私人拥有的某种关键性资产，如土地和专利等垄断权的一种回报。所以，私人资产的垄断权力既是所有资本主义活动的开端，也是所有资本主义活动的结尾。在所有资本主义交易最基础的地方存在着一个不可交易的法权，这种法权使得选择不交易（囤积、扣留、惜售）成为资本主义市场的一个严重问题。所以，对于协调生产和消费决策来讲，纯粹的市场竞争、商品的自由交换、完全的市场理性，都是罕见的且长期上不稳定的机制。这里的问题是一边要保持经济关系具有足够的竞争性，同时还要维持作为资本主义这种政治经济制度基础的个人和阶级私有财产的垄断特权。

为了与垄断地租问题联系起来，我们需要进一步展开最后这个观点。人们普遍假定，大公司的资本集权和集中最清晰地体现出垄断权力的终极状态。这种看法是不正确的。人们还假定，小企业规模显示了竞争的市场态势。这也是一个错误的看法。按照这种衡量方式，一个曾经处于竞争状态的资本主义已经随着时间的推移日益成为垄断的资本主义。出现这种错误的部分原因是，对马克思有关"资本集权化趋势规律"的应用过于肤浅，忽略了马克思相反的命题——"如果没有一个持续的权力下放的抗衡倾向"，资本集权化"将很快导致资本主义生产的崩溃"。[8]这种错误还源于一种企业经济理论。这种理论一般并不考虑企业的空间和区位背景，尽管它同意区位优势（在十分罕见需要这样考虑时）涉及了"垄断竞争"。

例如，在19世纪，高额运输成本让啤酒、面包、蜡烛等消费品都在地方市场竞争中受到一定程度的保护。当时，从能源到食品供应，地方垄断权力无所不在（即使当时的企业规模很小），而且很难打破。按照这样的标准，与现在相比，小规模的19世纪资本主义是没有多大竞争性的。正是从那时开始，改变运输和通讯状况作为决定性因素提入日程。"通过时间湮灭空间"的资本主义倾向逐步消除着空间障碍，于是，许多地方工业和服务业丧失了它们的地方保护和垄断特权。[9] 它们被迫与其他地方的生产者，先是近的，而后与更远的生产者们，展开竞争。

从啤酒贸易的历史地理发展也可以得到很多启发。19世纪，由于没有选择的余地，大部分人都喝地方啤酒。19世纪末，英国啤酒的生产和消费在相当程度上局限于区域，而且这种状况一直维持到20世纪60年代（当时除了健力士，没有外国进口的啤酒产品）。之后英国的啤酒市场逐步变成全国性的（纽卡斯特布朗和苏格兰扬格斯出现在伦敦和英国南部地区）以及全球性的（进口啤酒突然风行起来）。如果现在还有人喝地方啤酒的话，多半是掺杂着对地方和地方啤酒中独特品质（基于工艺、水或其他什么而不同于其他地方的啤酒）的依恋。在曼哈顿的酒吧里，我们能够喝到来自全球的各种"地方啤酒"。

简而言之，随着时间的推移，竞争的经济空间一直都在形式和规模上发生着变化。最近一轮的全球化已经明显削弱了以往借助高额运输和通讯费用造成的垄断保护，同时，从体制上撤销贸易壁垒（保护主义）也减少了那些禁止外国竞争而获得的垄断地租。但是资本主义没有垄断权力是不能运转的，而且想方设法想把这些垄断权力组合起来。现在虽然没有被消除，但空间和区位的"自然垄断"、国家边界的政治保护以及关税保护已经严重削弱。所以紧要问题是如何在目前这种状况下组合起垄断权力。

显而易见的答案是在特大企业里集中资本或建立起一个主导市

场的松散联盟（如航空公司之间、汽车工业内部等）。我们已经看到许多类似情况。第二条途径是，通过管理全球贸易的国际商业法规，确保私有产权的垄断权利。专利和所谓的"知识产权"已经成为主要的斗争场所，通过这类斗争，在更广泛的范围内重申了垄断权力。举一个典型的例子，通过大规模资本集中化，以及专利保护和授权协议，医药业已经获得了不同寻常的垄断权力。而且医药业还寻求对所有种类的基因材料（包括那些传统上由土著人采集的热带雨林中珍稀植物的基因材料）建立产权，从而追求更大的垄断权力。当一种垄断特权削弱时，我们会看到通过其他手段保留和重新组合垄断权力的各种努力。

我不可能对所有这些倾向都做一番评论。我想要做的是近距离地观察垄断权力重组对地方发展和文化活动造成最直接冲击的那些方面。首先，我希望揭示的是，在区位和地方垄断权力的定义上一直都存在着持续的斗争，而且越来越倾向于用"文化"来重申这种垄断权力。因为对唯一和纯正性的声明可以很好地与文化的独特性及不可复制性联系在一起。我将从垄断地租最明显的例子开始——"能够生产以垄断价格出售的特殊品质葡萄酒的庄园"。

葡萄酒业探索

过去 30 年以来，葡萄酒贸易和酿造业一样，变得越来越国际化。国际竞争的压力已经产生了某些异常的效果。例如，在欧盟的压力下，国际葡萄酒生产者（经过旷日持久的法律斗争和紧张的协商）已经同意逐步废除葡萄酒商标上的"传统表达"——最终将包括"庄园"（chateau）和"酒庄"（domaine）以及"香槟"（champagne）、"勃艮第"

(burgundy)、"夏布利"(chablis)或"索泰尔纳"(sauternes)这些酒类名称。这样一来,由法国领导的欧洲葡萄酒业试图通过坚持土地、气候和传统的独特优势(囊括于"产地"这一词汇之下),以及由"酒庄的名称"确保的产品独特性,来寻求保留垄断地租。法国葡萄酒贸易在"称谓控制"这类制度性控制的强化下,坚持其产品的纯正性和独创性,使得法国葡萄酒以其举世无双的特征而具有获取垄断地租的基础。

澳大利亚是同意这种变化的国家之一。维多利亚州的"塔比克庄园"(Chaeteau Tahbilk)从它的商标中拿下了"庄园"字样,轻松地宣称,"澳大利亚人不需要使用其他国家和旧时代的词汇"。作为弥补而新认定的两个因素能够"让澳大利亚在世界葡萄酒行业里获得独特的地位"。维多利亚州的葡萄园地处中观气候、深受内陆水源(为数众多的湖泊调节控制着气候)影响的世界六大葡萄酒产区之一。土壤十分特别(在维多利亚州仅有两处),是一种含有大量氧化铁而呈现红色的沙质沃土,而氧化铁"对葡萄质量具有好的影响,并给我们的葡萄酒增加了独特的区域特征"。这两个因素的结合确定了"纳甘比湖"是一个独特的"葡萄种植区"(大概由澳洲葡萄酒暨白兰地协会的地理指标委员会认证。这个委员会的任务就是确认全澳洲的"葡萄种植区")。这样,"塔比克"以所处区域独特的环境条件做出一个反垄断地租的声明。与法国葡萄酒生产商推行的"产地+酒庄"宣告其独特性的方式相似且具有竞争性。[10]

但这里我们将面临第一个矛盾。所有的葡萄酒都是可以交易的,所以在某种意义上,无论产于何地,所有的葡萄酒都是可以比较的。看看罗伯特·帕克(Robert Parker)和他创办的"葡萄酒精品指南"。帕克对葡萄酒的评价是针对葡萄酒的味觉,并没有特别考虑"产地"或任何其他的文化历史说明。罗伯特·帕克以其独立的评判而著称(而其他的大部分葡萄酒指南都是由葡萄酒产业中有影响的部门支持的),他按照他自己独特的品味给葡萄酒排序。在美国这个主要的葡萄酒市场里帕克有很多的追随者。如果他给法国波尔多的一个"庄园"葡萄酒打了65分,而给澳大利亚的葡萄酒打了95分,葡萄酒的价格会因此受到影响。波尔多的葡萄酒商很害怕他。他们曾经控告、诽谤、辱骂他,甚至发展到肢体攻击。帕克挑战了波尔多葡萄酒商们寻求垄断地租的基础。[11]

我们能够得出这样的结论,垄断声明既是产品质量的反映,也是一种"话语影响"和斗争的结果。如果放弃了"产地"和传统的语言,什么样的话语能够起到替代作用呢?最近这些年里,帕克和许多葡萄酒贸易领域的人们发明了一种新的语言,例如"桃李的香味再加上一点百里香及醋栗"。这种语言听上去有些古怪,但是,对应葡萄酒行业日益兴起的国际竞争和全球化,这种话语的转变发挥了特殊的作用,它反映出葡萄酒消费的商品化正沿着标准化方向发展。

葡萄酒消费有许多盈利的方向。对于许多人来讲,消费葡萄酒是一种美学经历。除去佳肴美酒带来的愉悦外,在西方传统中,还有许多与葡萄酒相关的东西,一直可以追溯到神话(酒神狄俄尼索斯和巴克斯),宗教(耶稣的血和圣餐仪式),以及在节日、诗歌和文学作品中所颂扬的传统上。酒类知识和"适当的"鉴赏常常是身份的象征,还被认定为一种形式的"文化"资本(如布迪厄(Bourieu)会讲的那样)。选对酒也许还有助于谈成生意合同(你会相信那些不懂如何选择葡萄酒的人吗?)。酒的风格与区域的美食相关,所以他们采用把区域特征转变成为一种具有独特感觉的生活方式,以形成酒的风格(例如尽管在雅典机场里有出售,但也很难想象希腊人左巴———部电影的主人公,会去喝加州大瓶红葡萄酒)。

葡萄酒贸易当然是为了赚钱和利润,然而,也涉及所有与其相关的文化(从产品文化到与消费相关的文化实践,再到生产者和消费者之间演变出的文化资本)。对垄断地租的不断追求意味着需要找到每一个领域特殊性、唯一性、原产性和真实性的标准。如果不能通过"产地"和传统,或直接描述风味来建立唯一性的话,那么就必须找到一些其他的区分方式来建立垄断声明以及确保这些声明真实性的话语(如具有诱惑性的葡萄酒,或与怀旧和壁炉相伴的葡萄酒,都是目前美国葡萄酒广告的语境)。实际中,我们在葡萄酒贸易中所找到的也是一堆竞争的话语,每一个都力证自己产品的独特性。回到我的出发点,所有这些话语的转变以及出现在国际葡萄酒市场战略中的变化和翻新,都不仅仅是在寻求利润,而且也是在寻找垄断地租。在这个转变中,真实性、原产性、唯一性和特殊的不可复制的品质等语言跃然纸上。全球市场的这种总体特征产生了一种强大的力量,不仅仅在寻求继续保障私人资产的垄断特权,还通过把商品描绘为不可比较的事物来寻求垄断地租,这种方式与我们前面所提出的第二个矛盾一致。

城市企业化经营和寻求垄断地租

葡萄酒业最近的斗争给我们提供了一种有用的模式,让我们据此去认识当代全球化阶段中出现的大量现象。这些现象与认识地方文化发展和传统如何通过寻求垄断地租而被吸收到政治经济学计算中有着特殊的相关性。这些现象也提出了这样一个问题,目前对地方文化创新的兴趣,对地方传统的振兴和创造的兴趣,在多大程度上与获取及占有垄断地租的愿望相联系呢?由于垄断权力所能获得的丰厚利润诱惑着所有种类的资本家(包括最兴旺的国际金融家们),

所以我们立即能够发现第三个矛盾：最狂热的全球化追求者们都会支持地方发展，因为地方发展具有产生垄断地租的潜力，即使对地方发展支持的后果是产生一种与全球化对抗的地方政治气候。强调巴厘岛地方文化的独特性和纯粹性可能对那里的酒店、旅游和航空业至关重要，然而强调巴厘岛地方文化的独特性和纯粹性恰恰会鼓励巴厘岛人强烈抵制商业化的"非纯粹性"，这样会发生什么呢？西班牙的巴斯克地区由于其独特性可能出现具有潜在价值的文化配置，但是埃塔（ETA）始终都没有停止对地方自治的诉求，一直都在准备着暴力行动，很难顺从于商业化发展。但商业利益会走到哪一步是惊人的。电影《上帝之城》对里约热内卢贫民窟里的暴力和毒品战做了详尽的（也许有人会说具有误导的）描述后，有旅游业开始着手推销到一些更危险的街区去做贫民窟旅游（你可以选择自己愿意承担的旅游风险等级）。这个矛盾影响着城市发展政策，所以，让我们再进一步展开这个矛盾。为了深入下去，我们必须简要地把城市发展政策与全球化联系起来。

最近几十年以来，城市企业化经营在国家内部和国际方面都变得重要起来。这里所说的城市企业化经营是指城市管理的行为模式，这种城市管理把国家权力（地方的、都市区的、区域的、国家的或超越国家的）与市民社会的各式各样的组织（商会、工会、教会、教育机构、研究机构、社区团体、非政府组织等）、私人利益攸关者（公司的和个人的）结合起来，形成联盟，推进或管理各种城市或区域发展。现在，有关这个论题的文献林林总总，这些文献揭示出这些管理系统（如"城市政权"、"增长机器"或"区域增长联盟"）的形式、活动和目标都广泛依赖于地方状况和它们中各种力量的结合。[12] 人们也详细研究了与新自由主义的全球化相关的城市企业化经营的作用，之中的大部分研究是在地方—全球关系和所谓"空间—场所辩证关系"的专题下展开的。关注这个问题的大部分地理学家已经公正地做出结论——把全球化看作地方发展的原动力是一个分类性错误。这些地理学家公正地指出,这里的关键问题是复杂的规模跨越关系。在这种跨越中,地方目标能够向上渗透到全球规模,反之亦然。同时,在一个特定规模的发展过程中,城市间和区域间的竞争能够重新修订有关全球化的地方和区域配置。

所以,不应该把全球化看成一种无差别的统一体,而应该把全球化看成一种在地理上把全球资本主义活动和关系联结起来的模式。[13]什么是"地理上联结起来的模式"的准确意义呢?有关(各种规模的)地理发展不平衡的证据不胜枚举,还有一些令人信服的推理分析了这种现象的资本主义理论基础。其中一些可以在传统意义上表述为,地理发展不平衡是在不断移动中寻求流动资本(在考虑资本流动时,金融、商业和生产资本的能力是不同的),以期获得剩余价值生产和分配上的优势。在实际中,我们能够发现许多倾向都符合"竞相杀价"这个简单的模式。在这个模式下,最便宜且最容易被剥削的劳动力成为资本流动和投资决策的灯塔。然而也有许多相反的证据显示,对于地理发展不平衡的动态机制,这样单一原因的解释有些过于简单了。一般来讲,资本流入高工资区域与流入低工资区域一样容易,而且常常好像在地理上受到非常不同的标准引导,不同于那些资产阶级和马克思主义政治经济学所建立起来的标准。

这个问题部分缘于忽视了地产类资本和在建筑环境中极其重要的长期投资,而这些在地理上都是不能移动的。这些投资,特别是在它们具有投机性质时,在第一轮投资获利后,总是会带来更大的投资浪潮(为了填满会议中心,我们需要酒店,而酒店要求比较好的交通和通讯设施,而它们都会产生进一步扩大会议中心能力的可能性,如此等等)。所以,在大都市地区投资动态机制中,存在一个流通和积累的因果关系(例如,伦敦整个码头区的再开发和金丝雀码头的财务可行性,都依赖于在这个地区的进一步的投资,包括公共和私人的投资)。这就是我们常常谈到的所谓的"城市增长机器":投资过程动态机制的协调,以及在正确时间和地点的关键公共投资供应,以推动在城市和区域间竞争的成功。[14]

然而,如果不是有可能获得垄断地租,这种"城市增长机器说"也就没有什么吸引力了。例如,开发商们众所周知的战略是,在开发中储备最上等的和最可租赁出去的地块,以便在项目其他部分完成后,从这个储备中获得垄断地租。具有所需权力的精明的政府同样能够这样做。正如我所了解的那样,香港政府正是通过非常高的垄断价格控制公共开发用地的出售而获得财政收入的。这个垄断价格接着转变成房地产的垄断地租,这就使得香港成为国际金融投资资本非常有兴趣进入的房地产市场。当然,香港还有其他特别之处,如香港的区位,也是一种可被积极交易的垄断优势。顺便说一下,新加坡也着手寻求获得垄断地租,并获得了巨大的成功。其方法与香港大致相同,虽然采用了非常不同的政治经济手段。

这种城市管理基本上是地方投资建设模式导向的,地方投资不仅仅是交通、通讯、港口设施、给排水等基础设施投资,还包括对教育、科学技术、社会管理、文化、生活质量等社会设施的投资。地方投资的目标是通过私人利益攸关者和国家权力,在创造和实现垄断地租的城市化过程中,创造出充分的协同效应。当然,这种努力并非都能成功,但即使是那些不成功的例子也可以部分或很大程度上理解为在实现垄断地租上的失败。不过,寻求垄断地租并不仅仅局限于房地产开发、经济目标和政府财政。寻求垄断地租有着更为广泛的应用。

集体符号资本、特殊标志和垄断地租

如果宣称唯一性、真实性、特殊性和专门性构成了获得垄断地租的基础,那么与在历史的年轮中产生的文物和积淀下来的传统习俗以及特定的环境特征(包括建筑、社会和文化环境)相比,还有哪一个领域可以更好地寻求垄断地租呢?就像葡萄酒贸易那样,所有这些寻求垄断地租的声明不仅与它们所依据的物质事实相关,而且也是话语建设和斗争的结果。许多垄断地租是建立在历史的叙述、集体记忆的解释和意义,以及重要的文化实践等基础上的:在构建获取垄断地租的缘由时,总有强大的社会的和话语的因素存在。因为至少在大家的想法中,没有什么地方会比伦敦、开罗、巴塞罗那、米兰、伊斯坦布尔、旧金山或无论什么地方更具有那个地方应该拥有的特性了。

最明显的例子莫过于当代旅游业了,但是我认为止步于此是一个错误。真正重要的是集体符号资本的力量,一个地方有别于其他地方的特殊标志的力量,同时也是吸引更广泛资金流入的重要力量。这些术语的使用源于布迪厄,然而布迪厄把这些术语仅限于个人(这种用法从结构上看就好像沧海之一粟的感觉),在我看来,集体形式(以及个人与这些集体形式的关系)可能具有更大的意义。[15]附着在如巴黎、雅典、纽约、里约热内卢、柏林和罗马这类名称和场所上的集体符号资本具有非常重要的作用,让这些地方获得了相对于巴尔的摩、利物浦、埃森、里尔、格拉斯哥等地的经济优势。对于巴尔的摩、利物浦、埃森、里尔和格拉斯哥这类城市而言,它们的问题是提高自身符号资本的份额,增加有别于其他地方的标志,以便具有可生成垄断地租的独特性。城市"品牌"成了一件大生意。[16] 由于交通通讯的便利以及贸易壁垒的减少而失去了一些垄断权力,所以作为垄断地租形成的一个基础,围绕集体符号资本所展开的斗争就更加重要了。我们还能找到其他的东西来解释毕尔巴鄂的古根海姆博物馆及其具有标志性的盖里(Gehry)建筑所产生的轰动效应吗?我们还能拿其他的理由来解释带有国际利益的大金融机构投资这个标志性项目的意愿吗?

再说一个例子,在欧洲城市体系中,巴塞罗那地位的上升在某种程度上依赖于它不断聚集起来的符号资本以及区别于其他地方的特殊标志的积累①。在挖掘具有特色的加泰罗尼亚历史和传统中,大量展示其特色的书籍、展览、文化事件,对推广巴塞罗那强大的艺术成就和建筑遗产(当然少不了安东尼·高迪(Antoni Gaudi))以及生活方式和文学传统的独特标记,都产生了很大影响。所有这些与新的标志性建筑(在旧城中心那些衰落地区建设起来的诺曼·福斯特广播通讯塔和迈耶的白色现代艺术博物馆)以及一系列开放海港海滩的大型投资项目一同闪亮登场。为奥林匹克运动场馆(参照了伊卡里亚式(Icarians)的乌托邦设想)建设整治废弃的场地,把曾经相当阴暗甚至危险的巴塞罗那夜生活转变成为一个前景无量的城市景观。所有这些都得益于奥林匹克运动会,奥林匹克运动会为巴塞罗那赢得了获取垄断地租的巨大机会(国际奥林匹克运动会主席萨马兰奇恰巧在巴塞罗那房地产中有着很大的利益关系)。[17]

巴塞罗那的初步成功显示出了我们所说的第一个矛盾。当获取垄断地租的机会遍布于巴塞罗那作为一个城市整体的集体符号资本

---

① 了解一下巴塞罗那依靠文化事件提高城市形象,从而追逐垄断地租的经验是很有意义的。——译者注

上时（英国皇家建筑师协会为其建筑成就而授予整个城市奖章后，巴塞罗那的房地产价格陡然上升），这些不可抗拒的集体符号资本在其背后吸引来了越来越多同质的跨国商品化。巴塞罗那滨水地区的后一阶段开发看上去与西方其他地区的开发完全一样：令人瞠目结舌的交通拥堵引发的压力，最终导致修建了穿越老城区的宽阔道路，多国商店替代了原先的地方商店，高档化迫使那里的老居民搬迁，摧毁了原有的城市结构，这样，巴塞罗那丧失了她的一些地方特殊标志，甚至出现了明显的迪斯尼化迹象。

　　这种矛盾还充满着问题和反抗。这里是在展示谁的集体记忆？——伊卡里亚式的乌托邦，曾经在巴塞罗那历史上发挥过重要作用的无政府主义？与弗朗哥激烈斗争的共和派？来自安达卢西亚的移民，加泰罗尼亚民族主义者？或者弗朗哥的长期盟友，萨马兰奇？谁的美学真正重要？巴塞罗那著名的建筑师波希加斯（Bohigas）吗？为什么接受迪斯尼化？关于这些问题的争议不会轻易平静下来，因为大家都明白，巴塞罗那已经积淀起来的集体符号资本依赖于真实、唯一、特殊的不可复制的品质。没有地方赋权，甚至于大众运动和对抗运动，这种地方特征的标志很难积累起来。当然，在这一点上，集体符号和文化资本（博物馆、大学、捐赠阶层和国家机器）的监护人们通常采用的办法是关上它们的大门，将底层大众拒之门外（虽然巴塞罗那的现代艺术博物馆不同于大部分类似机构，一直令人惊叹地和建设性地向大众开放）。如果这样做不成功，国家还可以采取行动，从如朱利亚尼市长建立的"风化委员会"监控纽约市的文化品位，到动用警力镇压。然而，利益关系在这里就十分重要了。这是一个确定人口中的哪一部分能够从集体符号资本中受益最大的问题，而对于这个集体符号资本，每一个人都以他们特有的方式在现在和过去对其作出过贡献。为什么让符号资本带来的垄断地租只被跨国公司

第四章 地租的艺术:全球化、垄断和文化的商品化

或少数有权势的地方资产阶级获得呢?即使新加坡,几十年来一直无情且成功地创造和占有着垄断地租(主要缘于新加坡的区位和定位优势),也通过住宅、医疗和教育等方式将其收益广泛分配。

从巴塞罗那最近的发展史中可以看出,知识和文化遗产、文化生产的活力和热情、标志性建筑和特殊美学判断的培育,都成为许多地方(尤其是欧洲)城市企业化管理政治中强有力的构成要素。在高度竞争的世界里,竞争围绕着积累特殊标志和集体符号资本而展开。但随之产生了有关谁的集体记忆、谁的审美价值和谁首先受益这类具有地方色彩的问题。巴塞罗那的街区运动在符号资本的基础上提出了认同和赋权的诉求,所以,它们能够在这个城市里发出政治上的呼声。正是他们的城市共享资产不仅常常被开发商占用,还经常被旅游经营者占用。这种有选择的占用会挑起新的政治斗争。在利物浦阿尔伯特码头重建项目中,最初要消除所有奴隶贸易痕迹的做法受到了被排挤的加勒比海裔人士的反对,并促进了边缘化人口之间形成新的政治互助。柏林的大屠杀纪念馆也引起了旷日持久的争议。甚至古代遗迹,如雅典卫城,人们会觉得它的意义现在已经可以很好地解决了,也仍然存在争议。[18]这类争议能够衍生出广阔的政治意义,即使是间接的。流行的新城市共享资产的生产、集体符号资本的积累、集体记忆和神话的调动,以及特殊文化传统的诉求,是所有形式政治行动的重要组成部分,无论是对左翼还是右翼。

例如,我们可以思考德国统一后围绕柏林重建而产生的争议。各种不同势力围绕确定柏林的符号资本而展开斗争。显然,柏林能够以其在东西方之间的媒介潜力为基础来宣称它的唯一性。与当代资本主义地理发展不平衡相联系的战略位置(以及对苏联的开放)赋予它明显的优势。然而,还有另外一种围绕个性展开的战斗,包括集体记忆、神话、历史、文化、美学和传统。我仅仅提出这场斗争中特别

令人困惑的一个方面,不一定具有主导性,它在全球竞争中支撑垄断地租的能力也并不明确。一个派别的地方建筑师和规划师(获得了地方国家机器的某些部门支持)寻求重新建立起 18 至 19 世纪柏林的建筑形式,尤其推崇辛克尔(Schinkel)的建筑传统,而排斥其他风格。这可以看成是精英们的一个美学偏好,而实际上却承载着各种各样的意义,必然会涉及这个城市的集体记忆、纪念性、历史的力量和政治身份。重新建立 18 至 19 世纪柏林建筑形式也与舆论环境(以各种话语阐述的)相联系,这个舆论以狭义的血统或特定的价值观念、信仰来确定谁是或谁不是柏林人,谁拥有对这座城市的权利。它挖掘出一个具有民族主义和浪漫主义涵义的地方史及建筑遗产。在不公正对待移民和暴力手段反对移民的背景下,这种挖掘很可能默认了这类行为的合法性。很多土耳其人是出生在柏林的,但遭受了许多不公正待遇,而且大量人口已经被迫离开柏林的市中心地区。他们对柏林的贡献完全被忽略了。此外,这种民族主义和浪漫主义的建筑风格与一种对纪念物的传统方式相吻合。这种传统方式在当代规划中(并没有专门提出,甚至也许是无意的)引入了施佩尔(Albert Speer)的构思——在 20 世纪 30 年代为希特勒给国会大厦绘制的一个纪念性前台设计。

幸运的是,这些并非在柏林追寻集体符号资本的全部工作。例如,诺曼·福斯特(Norman Foster)指导下的国会大厦重建,或由多国建筑师带来的主导波茨坦广场的一系列国际现代派建筑,都与上述派别的地方建筑师非常不同。地方浪漫主义者对多国主导所带来威胁的回应,最终只是这座城市多样性标志特征中的一个无辜的元素(毕竟辛克尔的建筑具有相当的建筑价值,重新建设 18 世纪的城堡很容易让自己被迪斯尼化所利用)。

因为这个故事强调了垄断地租的诸种矛盾会怎样容易地出现,

第四章 地租的艺术:全球化、垄断和文化的商品化

所以,故事的潜在一面也很有趣。如果这些狭隘的计划和排他性的美学观念及其话语实践成为主导,那么这些被创造的集体符号资本将很难自由交易,因为这些集体符号资本非常特殊的品质会让它处于全球化之外,处在一个排他性的、拒绝全球化大部分意义的政治文化氛围之内。好一点设想,它转向了狭隘的民族主义,而坏一点设想,它敌意地排斥着外国人和移民。城市管理能够指挥的集体垄断权力可以被引向跨国全球化的世界主义的反面,但这样就成为了培育地方民族主义的沃土。德国公众广泛拒绝帮助希腊处理他们的债务危机,这种文化氛围表明,培育这种地方民族主义能够产生严重的全球性后果。成功地给一个城市创造一个品牌也许需要排除或消除一切不适合于这个品牌的人或事。

或者趋向纯商业化以致丧失掉寻求垄断地租的独特性标志,或者创造非常特别的个性标志以致难以交易,这个两难的选择永远存在。正如葡萄酒交易中一样,在确定对于一个产品、一个地方、一种文化形式、一种传统、一处建筑遗产什么是特殊的而什么不是的时候,总是存在多种有力的话语策略。话语战斗成为寻求垄断地租的一个部分,倡导者们(在媒体和学术界)在这些相关过程中获得他们的听众以及资金支持。例如,对时尚的宣传(非常有趣的是成为时尚中心也是城市积累可观的集体符号资本的一种方式)。资本家十分了解这一点,所以,他们涉足文化战,深入到多元文化、时尚和美学的荆棘中,哪怕只是一段时间,也要通过这些方式,确保获得垄断地租的基础。如果如同我所主张的,垄断地租总是资本主义欲望的一个对象,那么,通过对文化、历史、遗产、美学和意义领域的干预,获得垄断地租的方式对任何一类资本家都是非常重要的。这里的问题是这些文化干预本身怎样才能成为阶级斗争的一个强有力的武器呢。

垄断地租和希望的空间

现在,批判者们会抱怨这个看似经济还原论的解释。他们会说,我让这个问题呈现出这样一种情形:仿佛资本主义生产着地方文化,创造着美学意义,排除掉那些不直接包括在资本流通中的不同种类的发展,从而支配了地方发展目标。我没有办法不让人们做出这样的解读,但是,这种解读曲解了我的看法。我希望通过资本积累规律中的垄断地租概念,揭示资本具有各种方式占用和获取地方差异、地方文化多样性和无论起源于何处的美学意义所产生的剩余。如同在南非棚户区、孟买的达拉维、里约热内卢的棚户区中,对赤贫区做"贫困旅游"一样,现在,欧洲旅游者能够在纽约的哈林(随着一个福音唱诗班)做同样的贫困区商业化旅游。美国的音乐产业成功地占用了形形色色的草根和本地音乐人的惊人创作(受益的总是音乐行业而非音乐人本身),甚至那些诉说长期压迫史的具有明显政治倾向的音乐(包括某些形式的说唱、牙买加雷鬼和金士顿舞厅音乐)也被商品化了。商品化和商业化所有事物是我们这个时代的标记之一。

但是,垄断地租是一种矛盾的形式。寻求垄断地租引发全球资本来评估独特的地方目标——从一定的意义上讲,在每个时期,地方目标越独特、越离经叛道就越好。寻求垄断地租还会引导对唯一性、真实性、特殊性、独创性以及其他与商品生产预设的同质性不一致的所有社会生活方面的评估。如果资本并没有完全摧毁作为垄断地租基础的唯一性(虽然在许多情况下,资本的确这样做了,并且因此而受到了严厉谴责),那么资本就必须支持差异化,允许分歧和在某种程度不可控制的地方文化发展,即使这种地方文化发展会干扰资本本身的平稳运作。资本甚至可以（当然是谨慎的，而且常常是不安的）支持离经叛道的文化实践，因为这是实现原创性、创造性、真实性以及独特性的一条途径。

正是在这样的空间里，对抗性运动得以形成。虽然我们可以猜想，这种对抗性运动并没有深深扎根于此。对资本而言的问题是，找到方法来增加、纳入、商品化、货币化这些文化差异和文化共享资产，以便占有源自于它们的垄断地租。在这样做的时候，资本常常造成文化生产者们广泛的疏离感和不满，文化生产者们直接感受到了对他们创造的占有和盘剥，将他们的创造和政治承诺转变为他人的经济收益（以大致相同的方式，最终所有的人都会憎恨商品化盘剥了他们的历史和文化）。对抗运动的问题是，要和这种对他们文化共享资产的广泛占有展开对话，以新的方式和方案使用那些被确认的特殊性、唯一性、真实性、文化以及美学意义。

这至少意味着要抵制这样一种观点——真实性、创造性和独创性是资产阶级的专属品，与工人阶级、农民或其他非资本主义的历史地理无关。而且也必要说服当代文化生产者们把他们的愤怒转向商品化、市场主导以及更一般意义上的资本主义制度。例如，人们认为关于性行为、宗教、社会习俗、艺术与建筑传统的离经叛道是一码事，而对渗透到文化体制中的资本主义统治体制和实践的离经叛道却是另外一码事。这些存在于资本主义占有和文化创造性（过去及现在的文化创造）之间广泛且通常分散的斗争，能够引导部分关注文化问题的社区，去支持反对跨国资本主义政治，支持那些建立在不同社会和生态关系上的更有吸引力的选择。

这并非意味着，依附于真实性、独创性和一种特定文化审美的"纯"价值，一定是进步的对抗政治的一个适当的基础。这种依附很容易就转变为某种新法西斯主义的地方、区域或民族主义特性政治。

在欧洲大部分地区以及其他地方,已经有了大量与此相关的令人担忧的迹象。这是左翼必须应对的一个中心矛盾。用于政治转型的空间还在,因为资本不能关闭它们。这就为社会主义对抗提供了机会。用于政治转型的空间可作为探索其他生活方式的场所,或者甚至探索社会哲学的场所(如巴西的库里奇巴市,因开创了城市生态可持续性的理念而享誉海内外)。如同 1871 年的巴黎公社或 1968 年大量以城市为基础的政治运动,用于政治转型的空间还可以成为酝酿革命(列宁在很久以前称之为"人民的节日")的中心要素。反对新自由主义全球化的分散的运动,如出现在西雅图、布拉格、墨尔本、曼谷、尼斯的运动,以及发生在阿雷格里港的更具有建设性的 2001 年世界社会论坛,都展示出一种截然不同的政治存在。这种政治并不是完全与全球化对抗,而是希望全球化发生在不同的基础上。争取实现某种文化自主性以及支持文化的创造性和差异性是这些政治运动的强有力的构成元素。

在阿雷格里港而不是在巴塞罗那、柏林、旧金山或米兰,举办 2001 年的世界社会论坛当然不是偶然的,正是阿雷格里港向这种对立反抗的倡议敞开大门。[19]在阿雷格里港这座城市,一种由巴西工人党领导的政治运动正以非常不同的方式动员着文化和历史的力量,寻求一种不同种类的集体符号资本——不同于毕尔巴鄂的古根海姆博物馆所宣扬的或延伸到伦敦泰特美术馆的那种符号资本。阿雷格里港积累起来的独特标志缘于它塑造出一种不同的全球化斗争——并不利用垄断地租也不向跨国资本主义屈服。它把重点放在动员大众,主动构建新的文化形式,建立对真实性、独创性和传统的新定义。这是一条艰难的途径,正如 20 世纪 60 年代和 70 年代"红色波洛尼亚"的那些非凡的实验。在一个城市实现社会主义不是一个可行的概念,但无论对于建设性投资还是文化运动,正是在城市中,垄断地租产生和占有的条件都高度集中。没有一个针对当代全球化形式的其他方案会从天上掉下来。它只会来自于众多的地方空间——特别是城市空间——结合成为一个更为广泛的运动。正是在这里,资本家们寻求垄断地租时所面对的诸种矛盾呈现出一定的结构性意义。通过寻求真实性、地方性、历史、文化、集体记忆和传统的价值,资本家们打开了一个政治思想和行动的空间,在其中可以发现和追寻社会主义方案。这种共享资源的空间值得包括文化生产和文化生产者在内的对抗运动进行强力的开发和培育,这应是他们政治战略的一个关键因素。大量的历史先行者都是以这种方式调动高雅文化的力量的(1918—1926年俄国革命创造期中建构主义的作用就是众多富有启发性的史例之一)。同时,通过日常生活的共同关系产生的大众文化也是至关重要的。对于建设一个不同种类的全球化和生机勃勃的反商品化政治,这是一个关键的希望空间:在这里文化生产和改革的进步力量能够寻找方法占领和削弱资本的力量,而不是相反。

第二部分

叛逆的城市

第五章　开拓反资本主义斗争的城市

既然城市化在资本积累的历史中如此关键,既然资本和它无数盟友必须坚持不懈地动员起来周期性地改变城市生活,那么无论人们是否清晰地意识到,某种类型的阶级斗争一定会不可避免地发生。之所以如此的原因是,资本必须竭尽全力地把它们的意志强加于城市发展和整个人口上(虽然在运转最好的情况下,整个人口也不会被资本力量完全控制)。因此,一个重要的战略性政治问题出现了:反资本主义斗争应该在怎样的程度上,明确地集中和组织到城市和城市地区这样广阔的地带上?如果反资本主义斗争应该这样做,怎样做到?又究竟为什么这样做呢?

以城市为基础的阶级斗争史是波澜壮阔的。从1789年开始,经过1830年和1848年,直到1871年的巴黎公社,巴黎连续的革命运动构成了最显著的19世纪的阶级斗争。以后的事件包括彼得格勒的苏维埃,1927年的上海工人暴动,1919年的西雅图总罢工,巴塞罗那在西班牙内战中的作用,1969年科尔多瓦起义,20世纪60年代美国风起云涌的城市暴动,和1968年以城市为基础的多起社会运动(巴黎、芝加哥、墨西哥城、曼谷和包括所谓"布拉格之春"在内的其他运动,以及基本同一时期的西班牙反弗朗哥运动前沿的马德里街区协会的兴起)。不太久以前,我们看到这些老的斗争故事在西雅图重现,即1999年西雅图反全球化的抗议示威(随后在魁北克城、热那亚和其他许多城市发生了类似的抗议示威,成为广泛蔓延的别样的全球运动的一个部分）。最近，我们看到了发生在开罗解放广场、威斯康星州麦迪逊市、马德里的太阳广场、巴塞罗那的加泰罗尼亚、雅典的宪法广场等地的大规模群众示威抗议活动。我们也看到了在墨西哥的瓦哈卡，玻利维亚的科恰班巴（2000年和2007年）和奥尔托（2003年和2005年）的革命运动和反叛，以及发生在阿根廷的布宜诺斯艾利斯（2001—2002年）和智利的圣地亚哥（2006年和2011年）的非常重要的政治喷发，当然它们在性质上非常不同。

这些历史性的示威活动不仅仅发生在城市的中心。若干案例显示，抗争和反抗精神通过城市的各种网络以明显的方式蔓延开来。1848年的革命运动可能是在巴黎兴起的，然而，反抗精神蔓延到了维也纳、柏林、米兰、布达佩斯、法兰克福和许多欧洲城市。俄国的布尔什维克革命伴随有柏林、维也纳、华沙、里加、慕尼黑、都灵的工人委员会和"苏维埃"的形成，如同1968年，巴黎、柏林、伦敦、墨西哥城、曼谷、芝加哥和无数的其他城市一起，经历了"愤怒的日日夜夜"和若干起暴力镇压。20世纪60年代发生在美国的城市危机也同时影响到了许多城市。2003年2月15日是世界史上令人惊讶的一天，当然，其影响被远远低估了。那一天，几百万人同时走上了罗马（大约有300万人，被认为是人类历史上最大的反战集会）、马德里、伦敦、巴塞罗那、柏林和雅典的街头，同时在纽约和墨尔本也有为数可观的示威者（由于警察镇压，数字不能统计），还有在亚洲（除中国之外）、非洲和拉丁美洲的近200个城市，都有数以千计的人们走上街头，举行了世界范围的反对伊拉克战争的示威。人们把这场运动描述为全球公众观点第一波表述中的一个。这场运动很快烟消云散了，但却留下了这样的感觉——全球城市网络充满着尚未被进步运动开发的政治可能性。目前由青年领导的运动风潮遍布整个世界，从开罗到马德里和圣地亚哥——不用说发生在伦敦街头的对抗，以及随后发生的"占领华尔街"运动("占领华尔街"首先发生在纽约,然后蔓延到美国无数的城市,现在已经传遍全世界)。这表明,在城市的空气里,有着需要政治表述的某种东西。[1]

从这个对以城市为基础的政治运动的简要回顾中,产生了两个问题。表达了深层政治斗争思潮的城市(或城市系统)仅仅是一个被动的场地(或预先存在的网络)吗?从表面上看可能的确如此。但有一点是清楚的,某些城市的环境特征的确比其他的更有利于示威者,例如开罗解放广场等具有的向心性;以及与伦敦或洛杉矶相比,巴黎的街道更容易设障;而奥尔托则位于拉巴斯的主要供应线上。

所以,政治力量从控制不安稳人群的角度出发,常常寻求重新安排城市基础设施和城市生活。奥斯曼在巴黎建设的林荫大道是实现这类目标的最著名案例,甚至在那个时代,巴黎的林荫大道就被看成是对反抗群众实施军事控制的一种手段。这个案例并非独一无二。20世纪60年代美国城市暴动之后所展开的内城改造,实际上是在市中心高价房地产地区与贫困的内城街区之间建设起壁垒或壕沟。发生在西岸地区拉姆安拉(由以色列国防军实施)和伊拉克的费卢杰(由美国军方实施)镇压反抗运动的激烈斗争对重新思考安抚、警力安排和控制城市人口的军事战略发挥了至关重要的作用。另一方面,如真主党和哈马斯这类反抗运动也日益加强实施他们城市化的反抗战略。显然,军事化并非唯一的解决方法(正如费卢杰所显示出来的那样,军事化也许远非最好的办法)。通过对问题社区采用一系列不同的公共政策,针对里约热内卢贫民窟的安抚计划带来了城市化的社会斗争和阶级斗争方式。而另一边,真主党和哈马斯都把高密度城市环境网络中的军事行动与建设备选城市管理体制结合起来,包括从垃圾收集到社会抚养费和街区行政管理等所有事项。

十分明显,城市是政治行动和反抗运动的重要场所。这些场所的实际特征是重要的,对这些场所在形体上的改造和社会上的改革以及地区组织建设都是政治斗争的武器。在军事行动中,行动地域的选择和修建在决定胜负上起着重要作用,同样,这一点也适用于城市环境下的群众抗议和政治运动。²

第二个主要观点是,政治抗议通常以它们对城市经济发生的干涉能力来衡量其效果。例如,2006年春,在国会将以刑事犯罪方式惩治无记录移民的法案通过之前(有些移民已经在美国居住了几十年),不安和骚动在美国移民中不断扩大。这场大规模抗议行动实际上等于一场移民工人的大罢工,有效地中止了洛杉矶和芝加哥的经济活动,也严重影响了其他城市。这场示威行动显示了没有组织的移民(包括合法和非法移民)的政治和经济力量,这种力量能够扰乱大城市中心的生产和商品流通以及服务秩序,从而在阻止这项法案上发挥了重要作用。

这场移民权利运动从无到有,具有很大程度的自发性。随后,它迅速消失,但是除去阻止了提议中的法案外,它还留下了两个不大却十分重要的成就:形成了一个永久性的移民工人联盟,以及在美国游行庆祝五一劳动节以支持劳动者愿望的新传统。尽管庆祝五一劳动节仅具有纯粹的象征性意义,然而它也提醒我们,美国没有组织起来的工人和组织起来的工人们一样都具有集体的潜力。这种潜力变为现实的主要障碍之一也随着这场运动的迅速衰退而清晰地显现出来。主要以西班牙裔为主的无记录的移民们没有有效地与美国非洲裔领导人进行协商。这就给右翼媒体精心策划的强大舆论攻势开辟了一条路径,这些右翼媒体突然对美国非洲裔族群流下了鳄鱼的眼泪,声称非法的西班牙裔移民正在抢走美国非洲裔族群的工作机会。³

最近几十年来大规模抗议运动兴起和衰落的快速性和波动性都

第五章 开拓反资本主义斗争的城市

需要一些点评。除去2003年的全球反战示威和2006年美国移民工人权利运动的兴起和衰落之外，还有无数关于反对运动不稳定轨迹以及不平衡地理表现的实例：这些例子包括2005年法国郊区的叛乱，以及从2001—2002年的阿根廷、到2000—2005年的玻利维亚等在拉丁美洲大部地区发生的革命，这些运动都迅速被控制、重新吸收到占主导地位的资本主义实践中。2011年在整个欧洲南部地区爆发的"愤怒的"民粹主义抗议以及最近发生的"占领华尔街"的运动会具有持续力吗？认识了解这些运动的政治和革命潜力是一个严峻的挑战。自20世纪90年代后期发生的反全球化（或不同类型的全球化）运动的波动和命运也可以看出，我们正处在反资本主义斗争的一个非常特殊和不同的阶段。通过"世界社会论坛"和它的区域性分支形成的运动，虽然被作为针对世界银行、国际货币基金组织和G7（现在的G20）或几乎有关任何问题的国际会议（从环境变化到种族歧视和性别平等）而开展的周期性示威被日趋仪式化起来，但这种运动却很难被解释清楚。因为这种运动是"若干运动的运动"，而不是一个坚定的组织。[4]这并非说左翼组织的传统形式（左翼政党和激进派别、工会和激进的环境以及社会运动——如印度的毛派运动或巴西无土地的农民运动）已经消失了，但它们似乎混迹于缺少整体政治凝聚力的更为分散而宏大的反对运动之中。

变化中的左翼反资本主义斗争角度

我希望在这里提出的一个更大的问题是：这些出现在城市里的各种不同的运动是否只是全球的、世界的或人类普遍愿望的副作用，而与城市生活诸种特性没有任何特殊关系呢？或者说，在资本主义下是否存在着什么有关城市发展和城市经历（即日常城市生活品质）的事物，这种事物本身就有可能构成反资本主义斗争的基础呢？如果是这样的，那么什么构成了这个反资本主义斗争的基础？又该如何动员和使用它来挑战资本支配的政治力量和经济力量，以及资本霸道的意识形态实践和对各种政治主体性的有力的控制（在我看来，最后这一点至关重要）呢？换句话说，应该把城市里的、关于城市的和关于城市生活品质和愿望的斗争看成反资本主义政治行动的根本吗？

我在这里并没有说对这个问题的回答是"显而易见的肯定。"但我要说的是，这个问题本身是值得探索的。

基于城市的政治运动迸发出不仅激进而且是革命性变革的火花。对于许多传统左翼（我主要指社会主义政党、共产主义政党和大部分工会）来讲，政治性及战术性先入为主的假定一直干扰他们对基于城市的政治运动做出历史地理学的解释，这些假定低估和误解了这些运动的效力。人们常常认为，城市社会运动与阶级斗争和反资本主义斗争是分开的或是后两者的附属物，阶级斗争和反资本主义斗争的根源在于生产中对劳动力的剥削和异化。即使考虑城市社会运动时，它们一般也只被看成是反资本主义斗争的一个分支，或是那些更为根本的斗争的转换。例如，在马克思主义传统中，城市斗争或是被忽略，或被认为没有革命的潜力和意义。这些斗争或被解释为有关再生产而不是关于生产问题，或被解释为有关人权、主权和公民权，而不是关于阶级的问题。例如有人提出，2006年未被组织的移民工人运动基本上是关于人权的，而并非关于革命。

当一个城市范围的斗争获得了类似1871年巴黎公社那样的里程碑式的革命身份时，会被称之为（首先是马克思，而后由列宁强调）"无产阶级的起义"[5]，而不是更为复杂的革命运动——希望从资产阶

第五章 开拓反资本主义斗争的城市

级手中夺回被占据的城市，如同工人希望从工作场所的痛苦压迫中获得解放一样。我认为巴黎公社最先采取的两个行动具有象征意义，一个是取消面包房的夜班工作（劳工问题），一个是租金的延期支付（城市问题）。传统的左翼团体有时也会发动城市基础上的斗争，他们这样做时经常可以成功，虽然他们总是试图从传统的工人利益角度去解释他们的斗争。例如，20世纪80年代，英国社会主义工人党领导了针对撒切尔人头税（这个地方政府财政改革非常沉重地打击了穷人）的成功斗争。撒切尔在人头税上的失败对她的下台有着重要影响。

按照经典马克思主义的理论，反资本主义的斗争就是要从根本上解除生产中资本与劳动者之间允许资本生产和占有剩余价值的那种阶级关系。反资本主义斗争的最终目标就是消除这种阶级关系以及与其相关的所有事物，无论这些事物在哪里出现。从表面现象上看，这种革命目标似乎与城市化本身无关。即使当这种斗争通过种族、民族、性取向和性别这些现象反映出来时（其实总是这样反映出来的），即使斗争在城市生活空间内通过基于城市的民族、种族和性别间的冲突而展开时，经典马克思主义的根本概念还是反资本主义斗争最终必须深入到资本主义制度内部，挖出生产中诸种阶级关系的毒瘤。

如果说工人阶级运动一直都赋予产业工人在反资本主义斗争中先锋队的特殊地位，这种说法的确是夸大其词了。在马克思主义的革命设想中，这个先锋队领导着这场阶级斗争，通过无产阶级专政，最终使国家和阶级消亡。而认为事情绝不会如此的想法也是荒谬的。

马克思提出，需要通过联合起来的工人们控制他们自己的生产过程和计划，取代生产中的阶级支配关系。这种观点类似于长期以来的工人管理的政治追求、自我管理（通常把 autogestion 翻译为"自我管理"）、和工人合作社等。[6]这些斗争并不一定缘于任何对马克思理论有意识地追随（实际上，马克思的理论总是反映了这些斗争），这些斗争也不一定在实践中成为社会秩序彻底发生革命性变革的某个阶段。这些斗争通常凭借工人自己的基本直觉，在许多不同的地点和时间发生，更公正、更没有压迫感，更按照工人自己对自我价值和个人尊严的理解去管理他们的社会关系和生产活动，而不是屈从于专横的老板，被迫持续不断地交出他们异化的劳动能力。但是直到今天，通过工人控制和类似的运动去改变世界，如许多社区管理的项目、所谓的"道义的"或"互助的"经济、地方经济交换系统和易货贸易、自治空间建设（现在最著名的是萨帕塔主义推行的自治空间）等，尽管他们的努力和牺牲招致了强烈的仇恨和镇压，但到目前为止，并没有被证明是在更广范围内适用的反资本主义的可行方案。[7]

这些目标从长期来讲没能融入替代资本主义的全球性选择之中，其主要原因其实很简单。在资本主义经济体制中运营的所有企业都受到"强制性竞争规律"的约束，"强制性竞争规律"是支撑资本主义价值生产和实现规律的基础。如果有企业以较低成本生产了一个产品，那么生产相似产品的企业或是倒闭，或改变生产方式以提高生产率，或降低劳动、半成品和原材料的成本。小型地方性企业或许可以不受竞争规律约束（比如获得了地方垄断），然而大部分企业不可能不受其约束。所以，工人管理的或合作的企业倾向于在一定程度上模仿它们的资本主义竞争对手，它们模仿的越多，它们的方法与对手的区别就越小。实际上，工人们最终处于集体的自我剥削的状态下，与资本施加的压迫如出一辙。

正如马克思在《资本论》第二卷中所论述的那样，资本流通由货币资本、生产资本和商品资本三个不同的流通过程构成。[8]没有任何一个流通过程能够独立存在：它们相互联系且相互决定。尽管人们期待自治或工人自治，或幻想无政府主义，但是，面对充满敌意的金融环境、信用制度和商业资本的掠夺性实践，工人控制的或社区集体的相对孤立的生产单元很难生存下来。这些年以来，金融资本和商业资本（沃尔玛现象）的力量已经明显复苏（对当代左翼思潮来讲，这个论题在很大程度上被忽视了）。因此，如何面对其他类型的流通以及围绕这些流通形成的阶级力量成为一个很大的问题。毕竟，正是通过这些主要力量资本主义价值决定的铁则才得以运行。

随之而来的理论性结论是显而易见的。消除生产中的阶级关系，取决于通过世界市场的自由贸易，从而消除资本主义价值规律对生产条件的影响。反资本主义的斗争一定不仅仅是关于劳动过程中的组织和重新组织，尽管这是根本，但还必须找到替代世界市场中资本主义价值规律的其他政治和社会的选择。虽然从人们集体投入生产和消费的具体感觉中能够产生出工人管理或共产主义运动的设想，但在世界的舞台上挑战资本主义价值规律的运行需要从理论上理解宏观经济的相互联系以及不同的技术和组织的复杂形式。这就提出了一个关于政治和组织能力开发的困难问题，这种政治和组织能力需要能够调动和控制国际劳动力分工、交换以及世界市场上的关系。现在有人提出，因多种理由脱离上述关系几乎是不可能的。首先，脱离增加了地方应对饥荒以及社会和自然灾害的脆弱性。第二，有效管理和有效生存几乎总是依赖于有效的综合生产手段。例如，协调与工人合作组织相联系的商品链（从原材料到最终产品）的能力依赖于有效的动力资源和技术，如电力、手机、计算机和互联网，这些均来自资本主义价值规律和流通规律支配的世界。

面对这些明显的困难，许多传统的左翼力量历史性地转向了征服国家权力，以其作为首要目标，而后期望使用这些权力管理和控制资本和货币流,通过合理规划建立非市场(和非商品的)交换体制,并通过有组织和有意识地规划建设国际劳动力分工,替代资本主义的价值规律。但共产主义国家没有能够在全球范围内实现这种体制,所以,俄国革命以来的共产主义国家选择了把自己尽可能与资本主义世界市场分割开来的战略。冷战的结束,苏联帝国的崩溃,中国向全面包含资本主义价值规律的方向实施经济改革,实际上已经全面放弃了这种特定的反资本主义战略作为建设社会主义的可行道路。从20世纪70年代新自由主义的反革命运动主导了国家机器以来,[9]那种认为国家能够通过保护主义、进口补贴(如20世纪60年代的拉丁美洲)、财政政策、社会福利安排,来抵抗世界市场力量的中央计划和社会民主观念被逐步放弃。

实践证明,中央计划的斯大林主义和共产主义是非常令人沮丧的,阻止资本控制国家的社会民主改革和保护主义也完全失败了,这导致大部分当代左翼思潮得出这样的结论:"打碎国家"是实现革命性变革的前提,或者组织国家内部自主生产是实现革命性变革的唯一途径。这样,政治责任转回到某种工人、社区或地方管理的形式。这种转变假定,市民社会中多种反对性运动的凝聚——占领工厂、合作经济、集体的自主运动、农业合作社等,能够让国家的强制性权力"凋敝"。这相当于革命性变革的"白蚁论":吃掉支撑资本的制度和物质基础,最终让资本主义坍塌。"白蚁论"并非一个轻视用语,白蚁能够造成灾难性的损害,而且常常难以觉察。但问题不是缺少潜在的效果,而是只要造成的损害变得明显和具有威胁性,资本既能够,也会希望召唤灭虫者(国家的权力)来应对这群白蚁。唯一的希望是灭虫者向其主人反击(他们这样做过),或是在一场军事斗争中被打败(这个结果相当不可能。除开特殊情况,如阿富汗)。而且不能保证将出现的社会形式会比它所替代的社会形式更文明。

有关什么会有效,如何把握,如何捍卫的各种观点(通常是僵化的和教条的)充斥着左翼的阵营。对任何一种特定的思考方式和行动的质疑都常常会招来谩骂。整个左翼都被"组织形式拜物教"所困扰。传统的左翼(共产主义和社会主义导向的)一般都拥护和捍卫某种形式的民主集中制(在政党、工会等组织中)。当然现在,"横向的"和"非层次的"或激进民主和共享资源管理这类原则通常居于优先考虑之列(这些原则能够适用于小团体,却不可能适用于大都市区域,更不用说我们这个70亿人口的地球了)。如取消国家这类优先考虑的项目相当教条地与理论假定联系起来,仿佛没有其他形式的地域管理是必要的或有价值的。即使名声显赫的社会无政府主义者和反中央集权主义的穆雷·布克金以及他的联邦主义论,也提出了实施某种地域管理的需要。仅举一个最近的例子,没有这种地域管理,萨帕塔必然会面临死亡和失败:尽管人们常常错误地认为萨帕塔采取的是非层次性的和横向的组织结构。而实际上,萨帕塔还是通过民主选举产生的代表和官员来做出决策。[10]另外一些左翼团体把注意力放到恢复古老的和土著的天然权利的概念上,或坚持认为,如果性别、种族主义和反殖民主义等问题还没有解决的话,这些必须放在追求反资本主义政治之前。所有这些都与这些社会运动中的主导性自我认知相冲突,这些社会运动倾向于认为,不存在指导性的或支配的组织理论,只有一组直觉的和灵活的实践,它们"自然地"从一定的情形中产生出来(关于这一点,我们将会看到,他们并没有完全说错)。

更糟糕的是并没有广泛一致的具体建议,关于如何在世界范围内组织劳动力分工和(货币化的)经济交易,以便维持一个适合于所有人的生活标准。实际上,人们常常非常武断地回避了这个问题。对我们前面提到的穆雷·布克金的保留意见,著名无政府主义者戴维·格雷伯做出了这样的反应:

如水泡般临时自治的幻影必须逐步转变成为永久的、自由的社区。当然,为了实现这一转变,这些社区不能完全孤立地存在;它们也不能与周边的所有社区都处于纯粹对抗的关系中。它们必须找到某种方式参与到它们周边的更大的经济、社会或政治体制中去。这是一个最棘手的问题,因为已经证明对于那些采用激进民主方式组织起来的社区,以任何有意义的方式融入更大的体制中,都必须在他们的基本原则上做出不断的让步。[11]

在这个历史时刻,虽然群众性抗议活动的周期爆发和"白蚁政治"的啃咬威胁表明,与资本主义价值规律更彻底决裂的客观条件已经更加成熟,但资本主义创造性摧毁的混乱过程已经明显地使集体主义左翼处于充满活力却支离破碎的状态。

当然,所有这些意见的核心是一个简单的结构性矛盾:左翼如何能够把主动接洽世界市场的资本主义价值规律与创造这个规律的替代方案两者融合起来,让联合起来的劳动者们能够民主地和集体地管理和决定他们生产什么和如何生产?这是一个核心辩证关系,直到今天,雄心勃勃的反资本主义运动还没有把握住这个辩证关系。[12]

取 与 舍

如果要产生一个行之有效的反资本主义运动,必须重新评估过去和现在的反资本主义策略。对回顾和思考什么可行、什么必须要做和谁打算在什么地方去实现它而言,这种评估是必不可少的。不仅如此,这种评估对于选择合适的组织原则及实践方案(适合于必须进行和必须获胜的政治、社会和技术斗争)也必不可少。无论提出何种方案、程序、组织形式和政治纲领，都必须对以下三个问题做出回答：

第一个问题是，世界大多数人口面临严重的物质贫困以及相伴而生的对人类能力和创造力全面发展潜力的失望。马克思首先是一个主张人类繁荣的伟大哲学家，他认识到，"只有在生活必需品得到满足的情况下，自由王国才能到来"。不面对令人厌恶的全球财富积累，就不能面对全球贫困积累的问题，这是毋庸置疑的。反贫困组织需要致力于反富裕的政治行动，以及与资本主义统治阶级建立的新的社会关系。

第二个问题源于环境退化和生态转变失控所引起的明显的和直接的危险。这不仅仅是一个改变人类存在方式的物质问题，也是一个改变人类存在方式的精神问题和道德问题，以及与自然的物质关系的问题。没有解决这个问题的纯粹技术性方法，必须对生活方式进行巨大改变（如倒转过去70年郊区化所带来的政治、经济和环境影响），以及在消费意识、生产意识和体制安排上做出重大变化。

第三个问题也是前两个问题的支撑，它缘于对资本主义增长必要途径的历史的和理论的理解。基于多种理由，复合增长是资本持续积累和再生产的一个绝对条件。我们正是要对这种社会构造的、在一定历史阶段特有的无限的资本积累规律发起挑战，并要最终将其消除。复合增长（假定，以至少3%的速度持续增长下去）是完全不可能的。现在，资本在它漫长的历史中已经达到了一个拐点（并不同于一条死路），这种永远增长的不可能性开始显现出来。任何反资本主义的选择都必须消除资本主义价值规律控制世界市场的权力。这就要求消除统治阶级关系——这种关系支撑和推行着剩余价值生产及实现的永恒膨胀，也正是这种阶级关系产生了不断加剧的财富和权力分配不平衡以及永恒增长综合征。这种永恒增长综合征给全球社会关系和生态系统造成了巨大的摧毁性压力。

　　进步力量怎样去解决这些问题呢？怎样能够解决地方工人管理和全球协调这样的双重需要之间的辩证关系呢？在这个背景下，我想回到这样一个根本的问题：城市基础上的社会运动能够发挥其建设性的作用，在以上三个方面的反资本主义斗争中作出自己的贡献吗？对这个问题的回答部分要依赖于从根本上重新调整阶级的概念，以及重新确定阶级斗争的领域。

　　一直支配着左翼政治思想的工人管理的概念是存在问题的。斗争的重心一直都放在作为剩余价值生产场所的工厂和车间。产业工人一直都被赋予无产阶级先锋队的称号，是无产阶级的主要革命力量。但是，巴黎公社并非由工厂的工人们建立的。基于这样的理由，对巴黎公社持有异见的人们认为，巴黎公社的革命并非无产阶级的起义或完全不是一个以阶级为基础的运动，而是一场城市社会运动，这场运动对公民权和城市权利提出了诉求。所以，巴黎公社运动并非反资本主义的运动。[13]

　　为什么不应该把巴黎公社运动既看成是阶级斗争也看成是生活在巴黎的劳动者争取公民权的斗争呢？我找不出任何理由不这样做。首先，阶级剥削的机制并不仅限于工作场所。第二章所描述的那种与住宅市场相关的占有和掠夺的整个经济就是一个很好的例子。商人、房地产主和金融家操纵了第二种形式的剥削，这种剥削的影响基本上是在生活场所而不是在工厂里感受的。这些形式的剥削现在而且一直都对整个资本积累和阶级权力维系发挥着至关重要的作用。例如，工人在工资上得到的任何让步都能被作为整体的资产阶级（商业资本家、房地产主，以及在当代条件下的信贷贩子、银行家和金融家）窃取和夺回。通过剥夺、租赁占有、货币和利润的敲诈所维系的积累成为许多不满的核心，这些不满与大众的日常生活品质紧紧相连。城市社会运动一般围绕这些问题发起,起源于围绕着生活、工作的阶级权力的构成方式。所以虽然这些社会运动主要是与权利、市民权和艰难的社会再生产联系在一起,城市社会运动总是具有阶级内容的。

这些不满是与商品和货币而不是与资本的生产环节相联系,这个事实非常重要,重新建立这个概念具有巨大的理论优势:首先,因为这个事实把问题集中到了资本流通方面,而资本流通常常成为工人管理生产的克星。正是作为整体的资本流通是一个关键,而不仅仅是生产环节中发生的那些问题。对整个资产阶级来讲,他们在意的是价值是否是从商品和货币环节中获得而不是直接从生产环节获取的。剩余价值生产与实现场所之间的空白既具有重要的实践意义,也具有重要的理论意义。当房地产主收取很高的房租时,通过房地产主,资产阶级可能会重新从工人那里夺回生产中创造的价值。

第二,城市化本身是被生产出来的。成千上万的工人投入到这个生产中,他们的工作产生着价值和剩余价值。所以,为什么不关注城市,把城市作为剩余价值生产的基本场所,而是去关注工厂呢?这样,就可以重新把巴黎公社看成一场无产阶级的斗争。无产阶级生产了巴黎,要求夺回他们对这座城市的权利,控制这座由他们生产出来的城市。对于大部分左翼通常称之为先锋队的无产阶级来讲,这是一种非常不同的类型。无就业保障、就业不连续、就业具有临时性、工作空间四处散布、非常难以工作场所为基础组织起来等,都是这种无产阶级的特征。在这个历史时期,在世界发达资本主义社会里,传统的工厂类型的无产阶级已经基本消失了。现在,我们有这样一种选择:或是因为传统工厂类无产阶级的消失,而长叹逝去的革命的可能性,还是改变我们的无产阶级的概念,将那些没有组织起来的城市化的生产者们(那些在移民权游行中被动员起来的人们)包含在内,探索他们独特的革命能力和力量。

那么谁是生产城市的工人们？城市建设者,尤其是建筑工人们应该是最明显的候选人,尽管他们并不是唯一的城市建设者,也不是城市建设中最大的劳动力大军。作为一种政治力量,最近这些年来,美国的建筑工人们(大概别处也是)常常是那些保障他们就业的大规模和具有阶级偏见开发活动的有力支持者。其实他们并不一定非要这样做。奥斯曼带到巴黎来的泥瓦匠和建造者们在巴黎公社里发挥了重要作用。20世纪70年代早期,澳大利亚新南威尔士州的"绿色班恩"(Green Ban)建筑工会运动禁止为他们认为破坏环境的项目工作,并曾经取得了很大的成功。协调起来的国家权力以及他们自己称之为"毛主义"的全国领导最终摧毁了"绿色班恩"建筑工会运动,这些领导人认为环境问题是软弱的资产阶级情感的体现。[14]

采掘铁矿,把铁矿加工成为钢铁,使用这些钢铁建设桥梁,货车横跨这些桥梁,把商品运送到工厂和家庭这些最后目的地消费掉,这些事情之间都是无缝连接的,所有这些活动(包括空间运动)都在生产价值和剩余价值。正如我们前面看到的那样,如果资本主义常常通过"建设住宅并把它们填满"的方式从危机中复苏,那么,参与到城市化活动中的每一个人都在资本积累的宏观经济发展中发挥着核心作用。如果维护、修缮和替换(在实践中常常难以区分开来)都是价值生产部分的话(正如马克思所认为的),那么参与到我们城市这些活动中的劳动大军也都对价值和剩余价值的生产有所贡献。在纽约市,成千的工人们在搭建脚手架,然后再拆除它们。他们正在生产价值。如果把商品从生产地运送到目的地生产价值的话(马克思也这样认为),那么那些把乡村产品生产者与城市消费者联系起来的食品链中的劳动者们也在生产价值。每日都有成千的送货车在纽约的大街小巷里穿梭往来。这些劳动者们如果组织起来的话,一定能掐断这座城市的新陈代谢。交通工人的罢工(例如,在法国的过去20年中)是极端有效的政治武器(在1973年的智利政变中,曾被负面使用)。洛杉矶的公交汽车乘客联盟、纽约和洛杉矶出租车司机组织,都是与此相关的组织。[15]当埃尔阿尔托的反叛者们切断了通往拉巴斯的主要供应线时,资产阶级的生活只能依靠残羹剩饭,从而很快达到了反叛者们的政治目的。事实上,在城市中富裕阶级最为脆弱,倒不是因为富裕阶级的个人特性,而是就富裕阶级控制的资产价值而言。基于这样的理由,资本主义国家正在抓紧做军事化城市斗争的准备,城市斗争正在成为阶级斗争的前沿。

不仅仅是食品和其他消费品物流,能源、水和其他必需品供应都是相当容易受到冲击的。马克思主义理论虽然认为有些城市生活不具有"生产性",但是城市生活的生产和再生产是社会必要的,是资本和劳动之间阶级关系再生产的"杂项"部分。这类劳动大部分都具有临时性、无保障性、流动性和不稳定性;这类劳动大部分常常难以在生产和再生产之间划分出清晰的边界来(如街头小贩)。新的组织形式对这类劳动力是绝对必要的,这类劳动力生产和再生产着城市。城市正是新组织的诞生地,如美国的"被排斥工人大会",这是一个具有临时性和没有就业保障特征的工人联盟,就像保姆,成员常常在空间分布上覆盖了整个大都市区。[16]

我的第三个主要观点是,传统工人运动的历史也需要一些修改。以工厂工人为基础发动的大部分斗争最后发现都是具有广阔社会基础的。例如,玛格丽特·卡恩(Margaret Kahn)指出左翼工人运动历史学家赞美了20世纪早期的"都灵工厂议会",却完全忽视了社区里的"人民议会",而正是社区里产生了大量政治诉求,给"都灵工厂议会"提供了强有力的社会支持。[17]E.P. 汤普森(E. P. Thompson)描述了英国工人阶级的组织如何像依赖工作场所一样依赖于教堂和街区。在英国政治组织中,尤其是在城镇地区,地方商会有着重要作用,常常成为新生的工党和其他左翼组织的基地。但地方商会的作用被远远低估了,国家工人运动常常忽视了这些组织的影响。[18]如果没有大量工厂之外的失业者组织和街区组织不断提供的物质和道义支持,1937年美国城市弗林特发生的罢工能够成功吗?

对于工人运动来讲,有组织的街区与有组织的工作场所一样重要。2001年阿根廷经济危机发生的占领工厂运动的优势之一是,合作管理的数间工厂还把它们自己办成了街区文化和教育中心。它们在街区和工作场所之间架起了一座桥梁,当原先的工厂主试图驱逐工人,夺回机器时,整个民众通常会团结起来阻止这样的行动。[19]当洛杉矶的"统一在这里"动员洛杉矶机场周边酒店的一般工人时,他们主要依靠"广泛的政治、宗教和其他社区盟友,建立起一个联盟",以对抗雇主的镇压。[20]这里还有一个具有警示意味的故事:在20世纪70年代和80年代英国矿工大罢工时,分散居住在城市化地区(如诺丁汉)的矿工们首先投降,而诺森比亚(那里的工作场所和生活场所融合在一起)的那些矿工们一直坚持团结互助,直到罢工结束。[21]回头我还会再讨论这类情况下的问题。

在所谓发达资本主义社会,传统的工作场所在某种程度上正在消失(当然,中国或孟加拉国并非如此)。因此建立不仅围绕着工作,还围绕着生活空间,并将二者联系起来的组织就更加重要了。而过去常常是这样的——工人控制的消费合作社在1919年的西雅图总罢工中提供了至关重要的支持,但当这场罢工失败后,战斗非常明显地转移到发展一个主要由工人控制的消费合作社的精致系统上来。[22]

如果我们把视线进一步拓宽到斗争正在发生的社会环境上,那么无产阶级可能是谁,他们的期望和组织战略是什么之类的概念则可能需要改变。当我们注意到传统工厂之外（包括工作场所的和生活场所）的关系，我们会发现对立政治的性别构成看上去非常不同。生活空间的社会机制不同于工作场所的社会机制。在生活空间领域，以性别、种族、民族、宗教和文化为基础的区分常常更深地镌刻在社会结构上，同时社会再生产的问题在影响政治主体和意识上也更具有支配性作用。反过来，资本对人口按民族、种族、性别的差别化对待和区分，也在生活空间的经济剥夺中产生了明显的不平等（由于货币和商品资本的流通）。在2005—2009年期间，美国家庭平均丧失了28%的财富，其中，西班牙裔家庭平均丧失了66%的财富，黑人家庭平均丧失了53%的财富，而白人家庭平均丧失了16%的财富。这种通过剥夺而产生的积累中种族歧视的阶级特征，以及这些歧视对街区生活产生的不同影响，是再明显不过的。特别是大部分的财富丧失都因住宅价值下降所致。[23]但也正是在街区空间里，会产生深刻的文化联系，例如民族、宗教、文化史和集体记忆，这些（既可以联系在一起也可以分开）都能从完全不同的方向上（不同与典型的工作场所）产生出社会和政治团结的可能性。

1954年，上了黑名单的好莱坞作家和导演们（所谓"好莱坞10"）制作了一部优秀影片——《社会中坚》(Salt of the Earth)。这部电影源于1951年的真实事件，描写了在新墨西哥州锌矿中被严重剥削的墨西哥裔美国工人及家庭的斗争。墨西哥裔的工人们要求与白人工人平等、安全的工作条件以及被有尊严地对待（这是许多反资本主义斗争中反复出现的一个主题）。以男性为主导的工会始终没有表达他们拥挤的居住环境下的生活问题，如卫生设施和自来水等，妇女们为此而非常痛苦。当工人为他们的要求而举行罢工，按照"塔夫脱—哈特莱法"而被禁止担任纠察时，妇女们克服了大量男性的反对接管了纠察线。于是，男人们必须照看孩子，从而了解到自来水和卫生设施对日常家庭生活的重要性。性别平等和女权主义意识成为了重要的阶级斗争武器。当治安官驱逐这些家庭时,其他家庭(明显是基于文化联系)不仅给罢工家庭提供了食品,并帮助他们回到他们拥挤的住宅。这家公司最终投降了。性别、民族、工作和生活间统一的强大力量并非很容易就建立起来,在这部电影中,男人和女人之间,盎格鲁撒克逊裔工人和墨西哥裔工人之间,工作的角度和日常生活角度之间的关系的重要性不亚于劳动力与资本之间的关系的重要性。电影告诉观众,只有所有这些劳动力量构成统一,达到平等,工人们才能胜利。这部电影基于政治的原因多年都被禁止在美国上映,因为它表达了针对资本的危险信号。这部电影的大部分演员都不是专业的,许多人来自这个矿工工会。这部电影的主要专业演员 R. 桑切斯(Rosaura. Revueltas)被美国政府驱逐到了墨西哥。[24]

弗莱彻(Fletcher)和伽帕斯尼(Gapasin)在最近出版的一部著作中提出,工人运动应该更多地关注地理上的,而不是行业部门的组织形式,除开行业部门组织外,美国工人运动还应该赋权于城市里的中央劳工委员会。

从某种意义上讲,劳动者谈论的是阶级问题,且不应该把劳动者与社区分开。劳动者这个术语应该表示组织形式,它们有工人阶级的根,有着把工人阶级的需要置于优先地位的议程。从这个意义上讲,一个以社区为基础,扎根于工人阶级,提出工人阶级所关注的特殊问题的组织,也是一个与传统工会相同的工人组织。进一步讲,一个只提出一个部门工人阶级利益的工会(如白人至上的手工业工会),比起社区基础上帮助失业者和无家可归者的组织,要更少一些"工人组织"标签的属性。[25]

第五章 开拓反资本主义斗争的城市

所以,弗莱彻和伽帕斯尼提出了一种组织劳工的新方式,这种新方式

> 在本质上拒绝了目前工会采用的形成联盟和采取政治行动的方式。实际上,这种新方式具有以下主要前提:如果阶级斗争不仅限于工作场所,那么工会也不应仅限于工作场所。战略性的结论是,工会必须考虑组织城市而不是简单地组织工作场所(或行业)。而只有工会与都市区的社会模块形成联盟,才有可能组织城市。[26]

弗莱彻和伽帕斯尼继续提出问题,"然后,如何组织城市呢?"在我看来,如果反资本主义的斗争能够在未来振兴,这个问题将是左翼必须回答的关键问题之一。20世纪70年代的"红色博洛尼亚"精神就是一个案例。事实上,"市政社会主义"已经有了很长且显赫的历史,甚至在整个激进的城市改革阶段中(如出现在"红色维也纳"的城市改革,或发生在英国20世纪20年代的地方激进的市政议会),我们需要将其恢复到左翼改革和更为革命的运动历史的中心来。[27]非常具有历史讽刺意义的事件之一是从20世纪60年代至今,法国共产党一直努力把自己与市政行政管理分割开来(这样做的部分原因是没有书本上的理论,或来自莫斯科的指示来指导它这样做),他们在这一点上下的功夫远大于在政治生活的其他领域。英国工会委员会在城市政治中发挥了关键作用,为地方左翼政党打下了斗争的基础。这种传统延续到20世纪80年代早期英国市政府反对撒切尔主义的斗争中。这些行动不仅仅是后卫战,如同20世纪80年代早期K.利文斯通(Ken Livingstone)领导下的大伦敦议会,还具有潜在的创新性。撒切尔后来认识到这些城市基础上的反对派所构成的威胁,最终放弃了整个市政管理层次。甚至在美国,密尔沃基也曾有过多年的社会主义行政管理,值得注意的是,入选美国参议院的唯一一

位社会主义者,是以佛蒙特州伯灵顿市市长而赢得大家的信任,开始了他的职业生涯。

把城市权利作为阶级基础上的政治需求

如果巴黎公社的参与者们曾经要恢复他们的城市权利,因为巴黎是他们集体生产出来的城市,那么为什么不能把"城市权利"作为动员反资本主义斗争的根本口号呢?正如我们一开始就提出来的那样,城市权利是一个空的符号,充满了内在的可能性,却并非只是异想天开。这并不意味着"城市权利"是不恰当的或政治上无能的,这取决于谁去给这个空着的符号里添加与改良主义者相对的革命的内在意义。

就城市而言,改良主义的目标和革命的目标之间并非总是很容易做出区分。阿雷格里港的参与式预算、库里提巴的生态友好项目,或美国许多城市出现的生活工资运动都是改良运动(基本勉强算做)。还有那些从表面上看像是家长式社会主义独裁版本的改良主义目标。但这些运动的影响一旦扩散开来,在大都市规模会显示出更深层次的激进理论和行动的可能。有关城市权利的传播,充满活力的修辞(20世纪90年代起源于巴西,随后从萨格勒布到汉堡,再到洛杉矶)似乎表明,更革命的事情可能就在前头。[28]这种关于可能性的办法缘于现行政治力量(例如,那些在2010年世界城市论坛聚集于里约热内卢的非政府组织和国际机构,包括世界银行)绝望的努力,它们在自己的目的中,借用了城市权利这类语言。[29]以同样的方式,马克思曾经指出,对工作日长度的限制是走向革命的第一步,所以为每一个人争取生活在体面生活环境中、体面住宅里的权利,能够看成是走向全面革命运动的第一步。

没必要抱怨别的党派的借用。左派应该对此表示欢迎,应该努力维持左翼自己固有的独特意义:所有致力于城市生产和再生产的劳动者都具有集体的权利,不仅仅是对他们生产品的权利,还有决定生产什么样的城市生活,在哪里和怎样生产的权利。如果打算复兴城市生活,在主导的阶级关系之外重新建设城市生活的话,就需要建设新的民主载体(而非现存的货币权力的民主),如大众集会等。

城市权利不是一个排他的个人权利,而是一种集体的权利。不仅包括建筑工人,还包括那些促进日常生活再生产的人们:护工和教师、下水道和地铁修理工、水电工、脚手架安装工和起重机操作工、医院工作人员、卡车公交车和出租车司机、餐馆工人和演艺人员、银行职员和城市管理者,等等。在无数劳动分工中,零碎的社会空间和地点具有难以置信的多样性,城市权利就是要在这种多样性中寻求一种统一状态。城市里有着许多组织形式,从"工人中心"和"区域工人大会"(如多伦多的工人大会)到各种联盟(如"城市权利"联盟、"被排斥工人大会"以及其他一些不稳定劳动者的组织形式),它们的政治雷达上都有城市权利这个目标。

但是,部分由于当代资本主义城市化状况,部分由于积极追求这种权利的人口性质,我们有明显的理由认为,城市权利是一种复杂的权利。穆雷·布克金提出了一种较为合理的观点(也可归因于刘易斯·芒福德(Lewis Mumford)以及其他许多受社会无政府主义思想影响的人们),认为资本主义城市化过程已经摧毁了城市作为一个政治体制,本可以形成一个文明的反资本主义基地的可能。[30] 从某种程度上列斐伏尔也同意这一点,虽然他更强调通过国家机构和技术专家合理规划城市空间,以促进资本积累和主导性阶级关系的再生产,而对当代郊区的权利不是一个可行的反资本主义口号。

正是基于这个理由,城市权利一定不能成为一种对待已存事物的权利,而是应以完全不同的形象,把城市重新改造和创造成为一个社会主义政治体制的权利,那里根除了贫困和社会不平等,那里治愈了灾难性环境退化的伤口。为了实现这个理想,就必须停止那种促进永恒资本积累的摧毁性的城市化生产。

这正是穆雷·布克金曾经提出过的事情,以建设他所称的"市政自由主义",其中包括了市政大会合理管理它们之间以及与自然之间相互交换的生物区域概念。正是在这一点上,实际的政治领域与历史悠久的受无政府主义启迪的城市乌托邦思想交织在一起。[31]

走向城市革命

从这一段实际政治领域与城市乌托邦思想交织起来的历史中出现了三个观点。首先,在取得周边街区或社区层次大众强大且活跃支持的情况下(包括有影响的地方领导和他们政治组织的支持),基于工作的斗争(从罢工到夺取工厂)最有可能成功。这个判断假定,工人和地方民众之间的紧密联系业已存在或能够很快建立起来。这种联系可从工人们的家庭组成了社区这样一个简单的事实中"自然地"产生出来(如"社会中坚"所描写的那些矿山社区)。然而在比较分散的城市状态下,则必须有一种政治意识来努力建设、维护和强化这种联系。在没有这种联系的地方,如 20 世纪 80 年代英国诺丁汉郡煤矿工人大罢工时,则必须建立起这种联系,否则这种社会运动极有可能失败。

第二,工作概念必须改变。要把原先那种与劳动者产业形式相联系的狭窄定义,改变为意义更为宽泛的工作概念,全面涉及日益城市化的日常生活的生产和再生产。实际上,阶级和工作都来自于生产场所中的定义,独立于家庭的社会再生产场所,这种观念导致了基于工作的斗争和基于社区斗争之间的区别,现在,这两者之间的区别正在消退。[32]在为争取更好生活质量而做的斗争中,把自来水输送到我们家里的工人和在工厂里制造管道和水龙头的工人同样重要。把蔬菜送到城市(包括街头小贩)的那些人与种植蔬菜的人们也同等重要。在食品被吃掉之前加工食品(如街头烤玉米或热狗的小贩,或在老式厨房以及用明火烧饭)的那些人们,同样在食品消化前给食品增添了价值。所以,左翼思潮和左翼组织必须更多地考虑到城市生活生产和再生产中的集体劳动。原先对城市和乡村所做的划分,在近些年来成为了有争议的问题。进出城市的供应链必然产生一个连续的运动,而不是中断的。总而言之,工作的概念和阶级的概念都需要从根本上改写。必须把争取集体的市民权利的斗争(如移民工人的权利)看成反资本主义斗争的组成部分。

重新焕发活力的无产阶级概念中接受且包含着现已规模巨大的临时劳动部门,临时性的、没有就业保障的、没有组织起来的劳动者构成了这类部门的特征。从历史上看,在城市反叛和抗争中,这一人群一直都发挥着重要作用。他们的行动并非总具有左派特征(同样,手工艺工会也不一定总能这样声称)。他们也常常受到反复无常或独断专行的领袖们(世俗的或宗教的)花言巧语的诱惑。因此,传统左翼一直把这种没有组织的群体政治作为"城市暴民"(或是更不幸地,被马克思主义者称为"流氓无产者")而错误地排斥在外,害怕接受他们进来。现在必须接纳这些人群而不是排斥他们,这对反资本主义政治至关重要。

第三,继续把生产中(前面所定义的广义生产)对劳动者的剥削放在任何反资本主义运动理论的核心。与此同时,必须给予反对从工人生活空间中收回和实现剩余价值的斗争,和发生在城市生产中的各种斗争同样的身份。就临时的和没有工作时间保障的工人来讲,在这个方向上的阶级行动存在着组织上的问题。但正如我们将会看到的那样,也存在着无数的可能。

"然后,如何组织城市呢?"

对弗莱彻和伽帕斯尼这个问题最诚实的回答是:我们还并不知道。一个原因是我们还没有很好地思考这个问题;另一个原因是,没有用来上升为理论认识的系统的政治实践的历史记录。当然,苏联的确在20世纪20年代有过一段"燃料和水"社会主义管理的试验期,或更为大胆的城市乌托邦。[33]然而,这类管理很容易蜕变为改良的社会主义的现实主义或家长式社会主义/共产主义的现代主义(在东欧我们可以看到许多令人感动的遗产)。目前我们对城市组织的了解大部分源于有关城市管理和行政的传统理论及研究,而它们的背景都是官僚资产阶级管理术(正是列斐伏尔所不断正确责难的),所有这些组织都与反资本主义政治组织相距甚远。我们现有最好的是一种企业形式的城市理论,以及就企业管理决策可能性而言的所有意义(当进步力量接管了城市,他们可以有时至少在地方层次,对抗疯狂的资本主义发展形式,提出严重的社会不平等和环境退化问题,如在阿雷格里港和利文斯通的大伦敦议会试图做的那样)。与此同时,还有大量有关竞争的城市企业管理优点的文献,在这种竞争的城市企业管理中,城市行政管理部门使用各种激励制度来吸引(换个词讲,就是补贴)投资。[34]

那么,我们该如何开始回答弗莱彻和伽帕斯尼的问题呢?一种途径就是考察革命状态下的城市政治实践个例。所以我密切关注了最近在玻利维亚发生的事件，以寻找城市反叛与反资本主义运动联系起来的可能。

正是在科恰班巴的街头和广场上，反新自由主义私有化的抗争以2000年著名的"水战"展开。政府政策被断然拒绝，两个主要的国际公司，柏克德和苏伊士，被迫撤离。而且也正是从奥尔托，这个拉巴斯高原上的繁华城市开始，反抗运动迫使新自由主义总统桑切斯·德洛萨达（Sanchez de Lozada）在2003年10月辞职，以后又迫使他的继任总统卡洛斯·梅萨（Carlos Mesa）在2005年辞职。所有这些都为进步的埃沃·莫拉莱斯（Evo Morales）赢得2005年11月的全民选举铺平道路。也正是在科恰班巴，2007年，面对占领了科恰班巴的愤怒人群，保守的城市行政管理当局逃离了这座城市，对抗运动挫败了保守精英们反对埃沃·莫拉莱斯总统的反革命活动。

困难一如既往在于如何认识这些个别事件中地方条件所发挥的特殊作用，判断我们可能从对它们的研究中得出什么普遍原理（如果有的话）。这个问题一直都困扰着对1871年巴黎公社普遍经验的矛盾解释。当然，聚焦于当代奥尔托的一个优势是，这是一个还在进行中的斗争，所以我们能够继续对此做出拷问和分析。现在已经有了一些建立在阶段性结论基础上的优秀当代研究。

例如，杰弗里·韦伯（Jeffrey Webber）对过去10年的玻利维亚事件提供了令人信服的解释。[35] 他把2000—2005年看作是精英和大众之间存在巨大分歧状况下的革命时代。对使用国家宝贵自然资源的新自由主义政策（由传统精英控制，并获得了国际资本的支持）的广泛拒绝，与从事农业生产的土著人群争取种族解放的长期斗争结合起来。新自由主义当局的暴力激化了对抗行动，最终使埃沃·莫拉莱斯赢得了2005年的大选。根深蒂固的精英们（特别是集中在圣克鲁斯市的那些精英们)通过要求区域和地方自治,策动了反对莫拉莱斯政府的反革命运动。这是一个很有意思的行动,因为拉丁美洲的左翼往往把"地方自治"作为他们解放斗争的核心。"地方自治"也常常是玻利维亚土著居民的要求,富有同情心的学术理论家们,如阿图罗·埃斯科瓦尔(Arturo Escobar),倾向于把争取"地方自治"的需要看作本质上进步的行动,即使不是反资本主义运动的必要前提。[36]然而,玻利维亚案例证明,什么政党都能使用地方或区域自治,把政治和国家决策的基点转变到能够帮助它们获利的特定尺度上。例如,因为大伦敦议会是反对玛格丽特·撒切尔政策的中心,所以玛格丽特·撒切尔决意将其撤销。这也就是玻利维亚精英们寻求在圣克鲁斯市实现自治,以反对莫拉莱斯政府的策略(他们认为莫拉莱斯政府对他们的利益充满敌意)。玻利维亚的精英们丢掉了整个国家空间,却寻求宣称他们在地方空间上的自治。

按照杰弗里·韦伯所述,赢得 2005 年大选后,莫拉莱斯的政治战略有助于巩固土著运动的力量,但他放弃了形成于 2000—2005 年的以阶级为基础的革命角度,而主张一个与地主和资产阶级精英进行协商和在宪法允许的范围内做出妥协(以及与外部帝国主义的压力达成妥协)的战略。韦伯认为,2005 年以后,莫拉莱斯实际上创建了一个"重新构造起来的新自由主义"(具有安第斯特征),而不是走向反资本主义的任何一种运动。社会主义转型已经推迟到未来许多年之后。但通过吸纳土著居民"自然母亲的权利"(the rights of mother nature)的概念,莫拉莱斯在环境问题上发挥了全球领导角色的作用,这一概念在 2010 年的"科恰班巴宣言"中得到表达,并将其纳入了玻利维亚宪法。

正如预期中一样,莫拉莱斯政权支持者对韦伯的看法提出了激烈辩驳。[37]我不能判断莫拉莱斯在国家层面上明显的改良主义和宪法上的转变只是一个政治选择、权宜之计,还是在强大的外部帝国主义压力下,玻利维亚现行阶级力量配置要求的必然性。即使韦伯也承认在2007年科恰班巴农民主导的反对右翼自治行政管理的对抗中,如果激进者通过群众集会形式的政府,永久地替换选举产生却逃离了科恰班巴的保守政府官员,以反对莫拉莱斯政府宪政的话,将会是一个灾难性的冒险。

城市组织在这些斗争中发挥了什么样的作用呢?如果说科恰班巴和奥尔托的关键作用是反复发生反抗的中心,而圣克鲁斯是反革命运动的大本营,那么城市组织在这些斗争中发挥了怎样的作用则是显而易见的。在韦伯看来,奥尔托、科恰班巴和圣克鲁斯都表现为各种阶级力量对抗和大众、土著运动展开的地方。但韦伯也注意到,80%的土著人口,奥尔托的非正式无产阶级(具有革命马克思主义起义传统的前矿工及具有土著激进主义来自于艾马拉、克丘亚和其他地区的土著乡村移民),在与国家的冲突中(有时还是流血的冲突中)发挥了最重要的作用。韦伯还提出,

> 在这些抗争的最佳状态,他们采用了集会方式、自下而上的民主和大众动员,借鉴了托洛茨基主义、无政府工团主义的锡矿工人的传统社群结构(在20世纪的大部分时间里,锡矿工人一直是玻利维亚左翼的先锋)以及安第斯地区土著传统的社区组织形式(ayllus),并应用于新的城乡背景。[38]

我们从韦伯那里得到的看法仅此而已。有关不同斗争场地的特殊状况基本上都被忽略了(甚至在韦伯详细描述2007年科恰班巴对抗时),只是关注于在反对外部帝国主义背景下,玻利维亚内部阶级和民粹主义力量的行动。所以,我们有必要转向人类学家莱斯利·吉尔(Leslie Gill)和希安·拉扎尔(Sian Lazar)的研究。他们深入描

绘了奥尔托不同历史时刻的状况、社会关系和盛行的组织形式。莱斯利·吉尔2000年出版的《徘徊在边缘》详细研究了20世纪90年代奥尔托的主要状况,而希安·拉扎尔2010年出版的《奥尔托,叛逆的城市》则基于2003年反抗之前和之后在奥尔托所做的社会调查。[39]莱斯利·吉尔和希安·拉扎尔都没有在反叛发生前预见到这场运动的可能性。吉尔记录了20世纪90年代发生在奥尔托的大量政治运动,那些政治运动都是零散的和乱糟糟的(特别是在非政府组织替代国家成为主要的社会服务提供者后,带来负面影响的情况下),以至于似乎可以排除掉任何统一的群众运动的可能性。虽然在吉尔进行社会调查期间,发生了具有明确阶级意识的学校教师大罢工。拉扎尔也对2003年10月发生的反叛感到惊讶,并在其后返回到奥尔托,试图重新构造反叛发生的环境。

奥尔托是一个特殊的地方,揭示出这些特殊性具有重要意义。[40]奥尔托是一个相对年轻的移民城市(1988年设市),坐落在荒凉的阿尔蒂普拉诺高原上,其海拔高度高于玻利维亚首都拉巴斯。这座城市的很大一部分人口是,由于农业生产逐渐商业化而被迫离开土地的乡村农民;改行的产业工人(特别是那些来自锡矿的工人,他们因为锡矿生产优化、矿山私有化以及20世纪80年代以来的矿山关闭,而被迫离开采矿行业);和来自拉巴斯的低收入难民(因为拉巴斯的土地和房产价格已经上涨多年,迫使比较贫穷的人们到别的地方寻找生活空间)。所以,奥尔托不像拉巴斯和圣克鲁斯那样有一个强有力的盘根错节的资产阶级。正如吉尔所说,当时的奥尔托是一座这样的城市——"玻利维亚自由市场改革试验的受害者在生存边缘徘徊的地方"。20世纪80年代中期以来,在新自由主义私有化主导下,国家逐步撤销行政管理和社会服务供应,这也意味着地方的国家控制相对弱化。人们必须拼命挣钱和自我组织以求得生存,或是依赖于不稳定的非政府组织救助。这些非政府组织的资金往往来自于捐献以及选举时提供过支持的那些政党。拉巴斯的四条主要供应线有三条要经过奥尔托,所以在斗争中切断这些供应线的力量就变得非常重要。城乡连续是奥尔托新陈代谢的一个重要特征(乡村地区由土著农民主导,他们有着独特的文化传统和社会组织形式,如韦伯提到的安第斯地区土著社区组织形式)。无论是从地理上,还是从民族文化上讲,奥尔托都处在拉巴斯城市区和这个区域的乡村之间。整个区域的人和物资经过奥尔托形成环流,从奥尔托到拉巴斯的日常通勤表明拉巴斯依赖于大量来自奥尔托的低工资劳动力。

随着20世纪80年代锡矿的关闭,玻利维亚劳工原先的集体组织形式受到破坏,这些组织曾经是"拉丁美洲最激进的工人阶级组织之一"。[41]在1952年的革命中,锡矿工人发挥了关键作用,这场革命引领了锡矿的国有化,并导致1978年乌戈·班塞尔(Hugo Banzer)专制政权的下台。1985年以后,许多流离失所的锡矿工人最终在奥尔托落脚,按照吉尔的调查,这些矿工们在适应新的环境上经历了很大的困难。然而,他们以托洛茨基主义和无政府工团主义为基础的政治阶级意识并没有完全消失。在以1995年教师罢工(吉尔对这场罢工做过详细地研究)开始的一系列斗争中,这种政治阶级意识成为一种重要资源(尽管人们对重要性的程度还存在争议)。但这些流离失所的矿工们在政治上发生了重大改变。他们别无选择,"只能与奥尔托大多数居民一样,去做低工资和没有工作时间保障的工作"。他们从阶级阵线分明的状态,转变成为必须回答一个不同的而且非常困难的战略问题——"流离失所的矿工们如何在奥尔托建立一种新形式的团结,那里有大量具有不同经历的人们,复杂的工作关系和激烈的内部竞争"。[42]

新自由主义化给这些流离失所的矿工们带来的转变并不是玻利维亚或奥尔托独有的。同样的矛盾也出现在谢菲尔德、匹茨堡和巴尔的摩。实际上,这是一个非常普遍的矛盾,是20世纪70年代中期以来巨大的去工业化和私有化浪潮带来的沉重打击。而玻利维亚会如何应对却值得瞩目。

拉扎尔写道,"新型的工会体制已经出现",

> 尤其是这座城市里的农民和非正规部门的工人们。新型的工会体制以小农,甚至微型资本家的联盟为基础。他们不在固定场所为固定老板工作(易于成为军队的目标)。他们的家庭生产模式允许协会生活的流动性,还允许他们以地区为基础形成联盟和组织;在这座城市里,他们出售东西的街道,他们生活和耕作的村庄或区域,再加上街区组织体制,成为了他们的分区。

在这种情况下,人和场所的相互关联极其重要,成为共同纽带之源。因为这些纽带常常既可能是和谐的也可能是对抗的,所以面对面的接触非常频繁。

> 奥尔托非正规经济部门的工会正在兴起,形成了市民组织体制的一个关键部分,与国家组织平行,在城市中形成多层次的公民权。个人之间的经济竞争被痛苦地夸大了,而且让人感觉到政治合作即使不是不可能的,也是困难的。在这种背景下,奥尔托非正规经济部门的工会兴起了。

当社会运动常常陷入严重的党派之争和内讧时,他们"开始摒弃不同部门的特殊需求,建设起一个比较统一的意识形态"。[43]流离失所的锡矿矿工依然留存的集体阶级意识和组织经验就成为一个至关重要的资源。与基于地方和大众决策集会(安第斯地区传统的组织形式）的地方民主相结合，创造某种政治协会的主观条件已基本成熟。作为结果，"尽管不是锡矿工人组织的传统形式，但是，玻利维亚工人阶级将自己重新构造成为一个政治主体"。[44]哈特和奈格里也在他们对玻利维亚人斗争的评价中采用了这个观点，以支撑他们的群众理论。

> 这样，工人阶级内部的所有领导和代表关系都出现了问题。传统的工会甚至不能适当地表达阶级事务和经验的复杂多样性。当然，这种变化并不是工人阶级行将消亡或工人运动衰退的迹象，而是无产阶级和新的斗争局面的复杂性日趋增加的反映。[45]

拉扎尔大致赞同这种理论修正，但是，她在工人阶级运动如何构成上提供了更为详尽的分析。正如她所看到的那样，"有各自地区责任的协会联盟的巢状嵌套式关系是玻利维亚社会运动力量的源泉之一"。这些组织常常是分层次的，有时还是专制的，而并非民主。但"如果我们把民主看成人们的愿望，那么，玻利维亚政治的社团主义就可以理解为最重要的民主传统之一（尽管并非一定是平等的）"。"没有安第斯山脉集体民主的普遍经验，就不可能有"[46]这种除去如柏克德和苏伊士这类大公司敌人的反资本主义斗争的胜利。

按照拉扎尔的判断，奥尔托的民主是沿着三条线索展开的。街区协会是一个地方组织，它不仅提供集体的地方物品，也协调居民之间发生的诸种冲突。"街区协会总协会"是解决街区间冲突的一个平台。这是一个典型的"巢状嵌套式的层次结构"，然而，却肝胆俱全，以保证无论领导人是轮换还是留下来都能忠实于他们的基础（直到美国茶党出现，这种原则在美国政治中是不可容忍的）。

奥尔托民主的第二条线索是多种群体的行业部门协会，如街头小贩、交通运输工人等。这些协会的大量工作依然是协调诸种冲突（例如街头小贩之间的冲突）。但正是这种方式把所谓非正规部门的不稳定的工人们组织起来（应被美国"被排斥的工人"运动借鉴）。这种组织形式具有伸向供应链的长长的触角，例如从周边地区运来的鱼和食品。通过这些连接，这种组织能够很容易和即时地调动周围农民和乡村人口的反抗能力，或反过来，在城市组织起对乡村屠杀和镇压的快速回应。这些地理纽带非常紧密，并与许多进城农民家庭所属的街区协会在地理区域上重叠，进而维持他们与自己原住地村庄的联系。

奥尔托民主的第三条线索是，那里存在许多传统的工会，最重要的工会是学校教师工会。这些教师们曾经在1995年举行过罢工，从那以后，学校教师一直处在斗争的前沿（墨西哥瓦哈卡的情况也是这样）。虽然30年来，它们在新自由主义对正规就业和传统工会组织形式的攻击下，处于不断弱化的状态，但始终具有地方、区域和全国的组织结构，承担着与国家进行协商的功能。

除此之外，奥尔托还存在着另外的线索，拉扎尔尽力将它们并入考虑之中。社会深层价值和理想非常强大，大众文化事件和活动常常坚持和表达了这些社会深层价值和理想，如节日庆典、宗教节日、舞蹈活动以及更直接的集体参与，如大众集会（在街区里和正规或不正规的工会）。这些文化上的一致性和集体的记忆使得工会能够克服紧张关系和"推进集体意识，从而使他们成为有效的政治主体"。[47]这些紧张关系中最显著的一个是领导者和基层间的关系。无论是以地方为基础的组织还是行业形式的组织，社会大众"努力在面对领导者的个人主义时坚持集体的价值"。这个机制是复杂的，但在拉扎尔看来，似乎存在多种非正式的方式让集体主义和个人主义、团结和派系斗争问题得到解决。更进一步讲，"工会"和"社团"的组织形式并不是独特的传统,而是通过"工会主义、民粹主义和土著民主价值及实践等政治传统的融合,实现的文化融合。正是这些不同思想脉络的混合使得奥尔托克服了它在国家层面的政治边缘化,占据了中心舞台"。[48]这些是那种"在特定时刻会结合起来的联系,如2000年的4月和9月的科恰班巴,2003年的2月和10月的奥尔托和拉巴斯,2005年1月至3月的奥尔托中,农民封锁了这个高原"。

拉扎尔坚持认为奥尔托已经成为了新政治的重要中心,主要因为这个城市已经形成了公民意识。这是一个重要问题,因为公民意识预示着通过普通公民的团结一致,组织起阶级和土著人民反抗的可能性。从历史上看,公民意识一直是法国革命传统的核心特征。在奥尔托,归属和团结一致的意义在于,

> 作为市民和国家之间的调解。通过集体的市民组织结构影响国家,这些集体的市民组织与国家在地区、城市和全国的层次并行。1999年,政党失去了它对这些组织和城市的控制,从而导致了更多对立立场的出现;这一点与这样一个事实相一致,日益增加的经济困难已经激化了街区层次的矛盾。2003年9月和10月的抗议活动,以及之后多年的抗议活动,在这些特定的政治形势中,通过长期的农村自我认知和集体意识建设,不断获取力量。

拉扎尔的结论是:

> 奥尔托土著城市的市民们混合了城市和乡村、集体主义和个人主义、平均主义和层次结构。正在建设中的诸种民主设想已经给国家和区域的土著运动增添了活力——通过对社会再生产资料所有权和国家性质的争论,将阶级和民族主义的问题与身份政治结合起来。

对拉扎尔来讲，最突出的两个社区"是基于居住的地区和城市层次社区以及基于职业的城市社区"。[49]正是通过市民这一观念，将工作场所和生活空间上的紧张关系转化成为了有力的社会团结形式。

这些多样性的社会过程（不同于许多左翼学者，拉扎尔尽力不对这些过程做浪漫的表述）共同影响着对城市本身的认知。拉扎尔写道：

> 如何认知城市本身与询问这样一个问题相关——究竟是什么让奥尔托成为一座城市而不是一个贫民窟、郊区、市场或交通枢纽？我的回答是，在国家系统中以及非国家的地方，不同的行动者都在为奥尔托建设一个独特且独立的身份。奥尔托的身份当然不是单一的，且日益增加着与政治激进主义和土著性（indigeneity）的紧密联系。

正是2003年和2005年的"城市身份转变以及新兴政治意识转化成为了政治行动"让奥尔托作为一个"叛逆的城市"而引起国内和国际的关注。[50]

从拉扎尔那里了解到的经验是，事实上，是有可能建设一个脱离新自由主义城市化衰落过程的政治城市的，可将它作为一个反资本主义斗争的城市。应该把2003年10月事件理解为"在政府命令军队镇压示威者时，不同部门的利益很偶然地聚集在一起，演变出更大的事件"，当然，不能忽略了在此之前的若干年里，不同部门的利益被逐步组织起来，以及建立起了作为"激进主义和土著性中心"的城市意识。[51]按照传统工会的方式把非正规的劳动者组织起来、把街区协会通过联盟的方式结合在一起、城乡关系的政治化、创建与平等集会并行的巢状嵌套式的层次结构和领导体制、调动文化和集体记忆的力量，所有这些都提供了一些思维模式——在反资本主义斗争中，我们可以有意识地去做些什么来夺回城市。奥尔托汇集起来的组织形式实际上与巴黎公社汇集起来的某些形式（街区、工会、政治派别、城市里强大的公民意识和对城市的忠诚）非常相似。

未来的动向

在奥尔托的案例中，所有的事情都可以被看成是正好碰到一起的偶然事件，但我们为什么不能沿着这条线索有意识地建设一个城市范围的反资本主义运动呢？例如，想象一下纽约，振兴现在死气沉沉的社区董事会，让它们成为拥有预算分配权的街区集会；同时把"城市权利联盟"和"被排斥工人大会"合并进来，争取更大的收入平等、获取医疗服务和住宅；所有这些都与振兴地方"劳工协会"联系起来——重新建设这座城市，建设公民意识、社会及环境公正，走出新自由主义的社团主义城市化造成的废墟。奥尔托的故事给予我们的启示是，不再听任开发商和金融家阶级利益的摆布（这些开发商和金融大佬决定"按照兼顾简·雅各布的罗伯特·摩西方式建设城市"），而是激励在各种不同城市化事业背后的公民主体（当然，纽约总是比较急躁的）走到前台来，以这种方式调动文化的力量和政治上激进的传统（在纽约肯定存在，芝加哥、旧金山和洛杉矶也都存在），只有这样奥尔托式的联盟才能运行起来。

但反资本主义斗争玫瑰色的发展前景中还有一个重大缺陷。对此玻利维亚案例也做出证明（如果韦伯只对了一半），通过连续的城市反抗而调动起来的任何一个反资本主义力量都必须在更高规模的一般性上统一起来，以免在国家层次陷入议会和宪法的改良主义，而议会和宪法改良主义只会在延续帝国主义主导的缝隙中重新构造新自由主义。这里提出的更一般的问题不仅是国家、国家法律、政策和行政管理制度，还涉及包括所有地方政府在内的国家体制。不幸的是，大部分当代左翼思潮对这些问题并不积极，即使在他们不时努力跟随某种宏观组织形式的时候，如穆雷·布克金的激进的"联邦主义"或埃莉诺·奥斯特罗姆的温和改良派的"多中心管理"（这种宏观组织形式看上去似乎是一个国家制度，听起来也像一个国家制度，而且，无论它的支持者的愿望是什么，几乎可以肯定做得也会像一个国家制度一样）。[52]这种宏观组织形式，或者是国家，或者是陷入哈特和奈格里在《联邦》(*Cmmonwealth*)这本书中所显现出的前后不一致，他们在第361页中捣毁了国家，而在第380页中又将国家复兴，以作为全民最低生活标准以及全民医疗和教育的保障者。[53]

但是，有一点是确定的，那就是如何组织整个城市是一个非常关键的问题。组织整个城市意味着要把进步力量从锁定在微观层面上的工人集体互助经济（即使这一方面也很重要）中解放出来，而且将我们推上一条无论在理论还是实践上都完全不同的反资本主义政治道路。从批判的角度，我们有可能清晰地看到，为什么奥斯特罗姆的"多中心管理"以及布克金的"联邦的"市政自由主义一定会失败。艾利斯·杨(Iris Young)认为，"如果整个社会果真按照自治市联邦组织起来的话，那么什么能阻止社区间大规模的不平等和不公正（如第三章中描述的那样）呢？而且什么又能来阻止对那些生活在没有优势和力量的社区里的人们的压迫呢"？[54]避免这种后果的唯一途径是通过某种较高层次的当局，命令和执行跨行政辖区的转移，也许至少可以让机会大致平等，或许也会带来结果上的公平。但这基本上是穆雷·布克金的自治市的联邦体制不可能实现的。从某种程度上讲，联邦这个层次的管理是禁止制定政策的，仅限于行政管理职责，从而也就禁止了对人的管理。能够实现社区间财富重新分配的唯一

第五章 开拓反资本主义斗争的城市

途径是,或通过民主协商(从历史的经验出发,这种协商是不可能通过自愿和非正式方法实现的),或通过作为民主主体的公民在层次管理结构的不同层次上具有的决策权。要注意的是这里没有任何理由,为什么所有的权力会按照这种等级层次向下传递,并且还存在着阻止独裁或专制的机制。事实是有些问题,例如共同财富,只能在特定规模上才可以发现,所以只有在相应规模层次上做出的民主决策,才是适当的。

从这个角度看,玻利维亚的那场运动可能要向南去追溯其精神起源——最初集中在智利圣地亚哥的那场运动如何从学生提出自由和平等受教育的需要,演变成为一个反新自由主义的运动联盟,要求国家的宪法改革、改善养老金制度、新劳动法和累进的个人及公司税收制度,以扭转智利社会日益扩大的不平等。对于国家问题,特别是什么类型的国家(或非资本主义国家),政治上的左翼和右翼都无法回避,即使对于国家这种制度化形式的可行性和理想程度都存在强烈怀疑的氛围中。

在一些较高层次的政治机构中,公民和权利的范畴并不一定与阶级和斗争的范畴对立。在反资本主义的斗争中,公民和同志能够并肩战斗,尽管他们常常在不同的规模层次上战斗。然而,正如帕克很久以前呼吁的,这只有在我们能够更多地"意识到我们任务的性质"时才能实现,而我们的任务是要在具有摧毁性的资本主义城市化的废墟上,集体地建设社会主义城市。这样的城市才能让人们感到真正的自由。但这需要在反资本主义思维和实践上来一场革命。进步的反资本主义力量能够更容易地通过城市网络,推进向全球协调方向的跃进,城市网络可能具有等级层次,但一定不是单中心的;是社团主义的,但也是民主、平等和水平的;是巢状系统嵌套式的和联邦的(可以把一个社会主义城市联合会想象为老的"汉萨同盟"

(Hanseatic League)——孕育商业资本主义权力的摇篮);它的内部虽然存在着不一致和争议,然而在反对资本主义阶级力量上却是统一的;而且在此之上,它深入地参与到反资本主义斗争之中——削弱和推翻资本主义价值规律在世界市场上主宰我们工作和生活社会关系的力量。这样的运动会打开一条没有阶级统治和商品市场制约的通往人类普遍繁荣的道路。正如马克思坚持的那样,只有抛弃了这些物质制约,真正自由的世界才会到来。开拓和组织反资本主义斗争的城市是一个伟大的起点。

第六章　伦敦2011：野蛮的资本主义扑向街头

"无政府主义的和野蛮的(feral)青少年",《每日邮报》(*Daily Mail*)这样称呼他们：来自社会各界的疯狂的年轻人围绕伦敦的街头巷尾展开了一场与警察的殊死战斗，他们常常盲目地向警察投掷砖头、石块和玻璃瓶子，四面抢劫，八方点火，他们从一个战略目标转向另一个战略目标，警察疲于奔命，无计可施，能抓到什么就抓什么。

"野蛮的"这个词让我突然停下来。这个词提醒了我，1871年巴黎公社的社员们也被描述为野兽，说他们如鬣狗一般，应当以私有财产、道德、宗教和家庭的神圣名义立即处死他们(也常常这样做了)。然而，"野蛮的"这个词汇还让我产生了另外一个联想：攻击"野蛮的媒体"的托尼·布莱尔很长时间都很舒适地寄宿在鲁珀特·默多克的左口袋里，只是到了最近，默多克摸了摸他的右口袋，才取出戴维·卡梅伦替换了布莱尔。

对于这场骚乱一定会有一场激烈的辩论。一些人会把这场骚乱看成是纯粹的、放肆的和不可原谅的犯罪；另一些人则会把这场骚乱背景化，认为这场骚乱的发生有其深刻的社会根源：糟糕的治安、持续的种族主义、对青年和少数族裔不公正的歧视和迫害、大规模的青年失业，社会剥夺迅速扩大以及愚蠢的财政紧缩的政策，对经济没有一点帮助，却与延续和巩固个人财富和权力有着千丝万缕的联系。甚至可能还会有人谴责，在巨大且分布不均衡的人类繁荣潜力中，如此之多的工作和如此之广泛的日常生活，都具有毫无意义和异化性质。

如果我们幸运的话,我们将会有若干专门听证委员会和听证报告来重复一遍撒切尔时代布里克斯顿(Brixton)和托克斯泰斯(Toxteth)曾经说过的那些话。我之所以说"幸运"是因为现在英国首相的野蛮天性似乎更适合打开高压水枪、调集催泪弹、使用橡皮子弹、自命不凡地去教诲那些犯错误的年轻人们道德沦丧、文明倒退、家庭价值观念和举止都令人失望地衰退恶化。

但是,现实的问题是,我们生活在一个资本主义本身就是野蛮粗暴的社会里。野蛮的政治家们对他们的开支说谎;野蛮的银行家们搜刮老百姓钱袋里一切值钱的东西;总裁们、对冲基金的运营者们、私募股权的投资天才们洗劫着财富世界;电话和信用卡公司在每一个人的账单上添加莫名其妙的收费;通过公共财政赚钱的公司和富人们却不用纳税;店主们使用价格欺诈;诈骗犯和骗术设计者竟然在企业和政治领域最高层耍起三张牌的赌局来。

大规模剥夺的政治经济行动,尤其是在光天化日之下,针对穷人、弱势群体、没有经验的和法律上不受保护的人们而展开的掠夺,已经成为我们这个时代的规则。有谁相信今天还有可能找到一个诚实的资本家、银行家、政治家、店主或警察局长吗?是的,这些人确实存在,但他们只是那些被人们认为是傻子的少数人。变聪明一点。赚点容易钱。诈骗和盗窃,被逮住的概率并不高。在任何情况下都有多种方式,以公司不法行为的成本来掩藏个人的财富。

我所说的可能会令人震惊。很多人没有看到这些是因为他们不愿意看到。当然没有哪个政治家敢于说这些事情,出版机构将这些出版也只是为了嘲笑发言者。但我觉得每一个街头的暴徒都确切地知道我所说的意思。他们只是在做和我们每个人相同的事情,尽管方式不同——更加赤裸裸的、更加明目张胆,在街头巷尾。他们在伦敦街头模仿公司资本正在对地球所做的事情。撒切尔主义释放了资本主义与生俱来的野蛮天性（辩护者们羞答答地称之为企业家的"动物本能"），之后却没有任何遏制他们的措施。不计后果的"大破大立"已成为各处统治阶级的公开格言。

这是我们新的正常生活。这是下一个听证委员会应该提出来的。应该追究每一个人的责任，而不仅仅是这些暴徒们。应该把野蛮的资本主义送上反人类罪和反自然罪的法庭。

不幸的是，盲目的暴徒们不能看到或要求这样的事情。一切都在密谋阻止我们看到或这样要求。这就是为什么政治权力如此匆忙地披上了崇高道德的长袍，找出拿腔作调的原因，这样就不会有人觉出它赤裸裸的腐败和愚不可及的非理性。

然而，在这个世界里，希望和光明还是依稀可见。通过掠夺和野蛮成性的全球资本主义给这个世界带来的这个巨大骗局，我们开始看到西班牙和希腊愤怒的运动、拉丁美洲的革命冲动以及亚洲的农民运动。我们剩下的这些人应该看到些什么，又该如何采取行动呢？我们该如何重新开始？走向何方？答案不是现成的。但我们知道一点：就是只有正确地提出问题，才能得到正确的答案。

第七章　占领华尔街：华尔街党遇到了它的复仇者

长久以来，华尔街党在美国具有不可挑战的地位。至少在过去40年中，华尔街党一直完全主导着历届总统的政策，无论这些总统是否是华尔街党所希望的代理人。通过民主党和共和党政治家们对华尔街党的原始货币权力以及被华尔街党控制的主流媒体的懦弱依赖，华尔街党已经合法地腐蚀了国会。通过总统和国会的任命，华尔街党支配了大量国家机器以及司法机构，尤其是最高法院，在选举、劳工、环境和合同法等多个领域里，它的党派判断日益有利于唯利是图的货币利益。

华尔街党有一个普遍原则：绝对货币权力的绝对控制不容挑战。而行使绝对货币权力的目标为：拥有货币权力的人们不仅有权按照他们的愿望无休止地积累财富，而且还有权继承地球；不仅仅可以直接或间接地支配土地以及土地所具有的所有资源和生产能力，而且还具有对劳工和它所需要的所有其他创造性潜力直接或间接的绝对指挥权。而其余的人性都可以抛弃。

这些原则和实践并非缘于个人的贪婪、目光短浅或纯粹渎职（尽管这些事情也有很多）。这些原则已通过强制竞争激励下的资产阶级的集体意愿，刻入到我们这个世界的政治制度之中。如果一个游说集团花钱比另一个游说集团多，那么前者会得到更多的好处。如果一个行政辖区把钱花在人们的需要上，那么这个行政辖区会被认

第七章 占领华尔街:华尔街党遇到了它的复仇者

为缺乏竞争性。

许多真诚的人们都被套进了这个败絮其中的制度。如果这些真诚的人们打算养家糊口的话,也就只能接受现实,没有其他的出路。艾希曼(Eichmann)曾经说过,"服从命令,做这个制度要求做的",现在大家用此来同意华尔街党的野蛮和不道德的原则及实践。强制性竞争规律在某种程度上迫使我们服从这个冷漠无情的制度规则。问题是制度性的,而并非个人。

华尔街党最欣赏的口号就是自由和解放。以私人财产权、自由市场和自由交易为保障的自由和解放,实际上已变为自由地去剥削他人的劳动力、剥夺普通人们的资产以及为了个人或阶级利益而掠夺环境。

一旦华尔街党掌握了国家机器,一般都会以低于市场价值的方式私有化有利润的一切,以开辟他们资本积累的新天地。他们安排分包(军火工业是一个主要例子)和税收(补贴农业企业和降低资本收益税),这些将允许他们自由地搜刮国库。他们刻意在国家机器的其余部分,培育出一个非常复杂的管理体制,以及惊人无能的行政管理(回忆一下,里根时代的环境保护局(EPA),布什时代的联邦应急管理局(FEMA)和把工作做得一团糟的布朗),以此说服一直持有怀疑态度的公众,在改善日常生活和人们期待的未来上,国家绝对不会发挥任何建设性或支撑性作用。最后,他们使用所有主权国家声称的那种暴力垄断权,把公众从许多公共空间中排挤出去,通过监控、骚扰,如果必要的话,使用定罪和监禁的方式去处理那些不服从他们规则的公众。在镇压中,他们擅长维持自由表达的幻觉,只要这种表达并不无情地揭露出他们的事业和事业所立足的镇压机构的真实性质。

华尔街党无休止地发动着阶级之战。沃伦·巴菲特说,"当然存在阶级战争,正是我的阶级,富人阶级,发动了战争,而且我们正在胜利"。这场战争的大部分是秘密的,是在一系列面具和混淆视听的情况下进行的,华尔街党的目的和目标都被伪装起来。

华尔街党非常清楚,当深刻的政治和经济问题转换成为文化问题时,将变得无懈可击。华尔街党经常调用大量御用专家,从各式各样不是问题的问题中引发争论,给那些本不存在的问题找到解决方案,这些专家中的大部分人是在华尔街党出资的智囊团或大学中就业,盘踞在华尔街控制的媒体中。他们不惜余力地谈论以公共财政紧缩消除赤字对每一个人的必要性,接下来,他们又高谈阔论如何减少自己的纳税,而不顾这样做可能给公共赤字带来何种影响。但从未公开讨论过的一件事是,他们如此无休止和无情发动的阶级战争的真正性质。在现行的政治气候条件下以及他们专家的判断中,如果把什么说成"阶级战争"就是将其置于严肃的思考之外——即使不说是煽动的,也是愚蠢的。

但是,现在第一次有了一个面对华尔街党和它纯粹货币权力的明确运动。华尔街的"街"被其他人占领了!恐怖之上的恐怖!从城市到城市,占领华尔街的运动正在蔓延,"占领华尔街"的战术是,占领一个中心公共空间,一个公园或一个广场,靠近多种权力集中的地方,让那些地方挤满了人,把公共空间转变成为政治共享资源——一个公开探讨的场所,讨论权力正在做些什么、怎样最好地阻止它的侵入。这个战术已经传遍了全世界(马德里的太阳门广场、雅典的宪法广场、伦敦的圣保罗大教堂和华尔街本身),最为活跃的莫过于聚集在开罗解放广场上正在进行中的斗争。"占领华尔街"向我们显示,在没有其他办法的时候,在公共空间中的人的集体力量依然是最有效的对抗手段。解放广场展示给全世界的是一个明显的事实:正是街头的和广场上的人们才真正有作用,而不是在"推特"和"脸书"上发泄的情绪。

这场美国的"占领华尔街"运动的目标很简单。它只是说,"我们——人民,决定从目前控制美国的货币权力手中夺回我们的国家。我们的目标是证明沃伦·巴菲特错了。巴菲特的阶级——富人们,将不再不被质疑地统治一切,也将不再自动继承地球上的一切。巴菲特的阶级——富人们,并不一定总是赢家"。这场运动说,"我们占人口的99%。我们是多数,这个多数能够、也一定必将会胜利。因为货币的权力关闭了我们所有其他的表达渠道,所以我们别无选择,只能占领我们城市的公园、广场和街头巷尾,让我们的观点得到表达,让我们的需要得到关注"。

要想成功,"占领华尔街"的运动必须超出人口的99%。这一点能够实现,也正在逐步实现。首先,到处都是那些因失业而陷入经济贫困的人们,以及住宅和资产被华尔街阵营剥夺或正在被剥夺的人们。"占领华尔街"运动必须在学生、移民、失业者以及那些受到完全没有必要的严厉的财政紧缩政策(由华尔街党授意强加于美国和世界之上)威胁的人们之间建立起广泛的联盟。这场运动必须集中到工作场所令人震惊的剥削上——从被富人家里无情剥削的家政佣工,到在富人们尽情享用的餐馆里像奴隶一般工作以换取微薄收入的餐馆工人。这场运动还必须把创造性工人和艺术家们团结在一起,他们的聪明才智常常被转变为大资本控制下的商业产品。

最重要的是,"占领华尔街"运动必须争取所有那些被疏离的人、不满足的人、不满意的人,那些从内心世界认识和感觉到一定有什么事情从根本上错了,感觉到华尔街党谋划的这个制度不仅是野蛮的、道德沦丧的,而且还是破裂的人们。

所有这些人必须以民主的方式集合成为一个统一的反对阵线,还必须允许自由地设想另外的城市形式、政治制度以及为了人民的利益组织生产、分配和消费的未来轮廓。否则,所有都为了1%的人的利益,在不断上升的私人债务和日益加深的公共财政紧缩下,青年人是完全没有未来的。

对"占领华尔街"运动,以资产阶级力量为支撑的国家做出了一个令人惊讶的声明:国家,而且只有国家,拥有垄断权限去管理和处置公共空间。公众没有对公共空间的共同权利!但市长、警察局长、军事领导和国家官员们有什么权利告诉我们——人民,告诉我们他们有权决定什么是"我们的"公共空间的公共性,以及谁可以在什么时间占用这个空间呢?他们准备什么时间要把我们——人民,从我们决定集体且和平占据的任何空间里驱逐出去呢?他们声称他们是为了公众利益而采取行动(并引用了法律条款),但是,我们就是公众!这里面有"我们的利益"吗?顺便提一下,银行和金融家们公然用来积累"他们"奖金的不正是"我们的"钱吗?

面对华尔街党"分而治之"式有组织的权力,这场正在上演的"占领华尔街"运动还必须坚持这样一个根本原则——直到华尔街党或者认识到共同利益一定会战胜狭隘的唯利是图的利益,或者举手投降,否则"占领华尔街"运动既不会分化,也不会转向。赋予个人没有公民责任的个人权利——这样一种公司特权必须终止。公共物品如教育和医疗必须由国家提供,并可免费获得。必须打破媒体的垄断权力。必须规定购买选举是违宪的。必须禁止知识和文化的私有化。必须严肃制约和最终取缔对他人剥削和掠夺的自由。

美国人相信平等。民意测验数据显示,他们认为(无论他们的一般的政治立场是什么)顶部20%的人口拥有整个财富的30%可能是公正的,这些人现在掌握了整个财富的85%是不可接受的。而这些财富的大部分由顶部1%的人口掌握,则是完全不能接受的。"占领华尔街"运动所提出的是,我们——美国人民,要致力于扭转这种不平等,我们要扭转的不仅仅是财富和收入上的不平等,更重要的是,还要扭转这种差距赋予和衍生出来的政治权力上的不平等。美国人对其民主感到自豪是好的,然而,这种民主总是面临着资本腐朽权力的威胁。现在是资本腐朽权力主导的时代,正如杰斐逊(Jefferson)很久以前提出的那样,开展另一场美国革命的时代正在到来;这场革命的基础是社会公正、平等和以关爱和缜密的方式对待自然。

这场人民对华尔街党的斗争已经展开,这场斗争对我们集体的未来至关重要。这场斗争的性质既是全球的也是地方的。这场斗争把那些为所有人建设一个免费且有质量保证的教育体制,而与智利政治权力做生死搏斗的学生们联合起来,并从此开始废除皮诺切特(Pinochet)粗暴推行的新自由主义模式。这场斗争包括那些在解放广场上的宣传者们,这些人认识到穆巴拉克(Mubarak,与皮诺切特的独裁一样)的倒台不过是打破货币权力获得自由的解放斗争的第一步。这场斗争还包括了西班牙的"愤怒"、希腊罢工的工人们以及出现在全世界的军事对抗,从伦敦到德班、布宜诺斯艾利斯和孟买。大资本野蛮的统治和纯粹的货币权力无处不处于守势。

我们每个人会站在哪一边?我们会去占领哪一条街?只有历史会告诉我们。然而,我们所知道的是,这个时刻已经来临。资本主义制度不仅仅腐朽了,暴露在光天化日之下,而且除了镇压,资本主义制度不会做出任何回应。所以,我们——人民,别无选择,只有为了集体的权利而斗争,以决定如何和按照谁的意向去改造资本主义制度。华尔街党有过它得意的时光,然而它已经一败涂地。在这个废墟上的另外一场建设既是我们每一个人的机会,也是我们不可也不想推卸的责任。

致　　谢

我要感谢以下出版社的编辑们,他们允许我使用原先在他们支持下使用过的材料。

第一章是一篇题为"城市权利"文章的修订版本,它最初发表在2008年9—10月的《新左翼评论》(*New Left Review*)第53期上。这里,我仅对最初版本做了少许修订。

第二章是一篇题为"金融危机的城市根源:为反资本主义斗争而夺回城市"文章第一部分的扩充版,它最初发表于《社会主义文摘》(*Socialist Register*)(2011年版)。

第三章是以一篇题为"共享资源的未来"文章为基础撰写的,这篇文章曾经在《激进历史评论》(*Radical History Review*)第109期(2011)上发表。我要感谢夏洛特·赫斯(Charlotte Hess),他指出了这篇文章最初版本中对埃莉诺·奥斯特罗姆工作的一些严重遗漏,我还要感谢纽约比佛大街16号组织的讲座的参与者们,他们关于共享资源这一主题的讨论,帮我澄清了自己的观点。

第四章是一篇题为"租金的艺术:全球化,垄断和文化生产"文章的修订版本,它最初发表在《社会主义文摘》(2002年版)上。这里只做了少许修订。

第五章是对题为"金融危机的城市根源:为反资本主义斗争而夺回城市"的文章最后一部分的扩充,它最初发表于《社会主义文摘》(2011年版)。

此外，还要感谢纽约市"城市权利"阅读小组的参与者（特别是彼得·马尔库塞（Peter Marcuse）），以及纽约城市大学"场所、文化和政治中心"讲座的成员们，在过去几年中许多具有启发性的讨论。

参 考 文 献

前言　亨利·列斐伏尔的展望

1 James Holston, Insurgent Citizenship, Princeton: Princeton University Press, 2008.
2 Ana Sugranyes and Charlotte Mathivet, eds, Cities for All: Proposals and Experiences Towards the Right to the City, Santiago, Chile: Habitat International Coalition, 2010; Neil Brenner, Peter Marcuse and Margit Mayer, eds, Cities for People, and Not for Profit: Critical Urban Theory and the Right to the City, New York: Routledge, 2011.

第一章　城市权利

1 Robert Park, On Social Control and Collective Behavior, Chicago: Chicago University Press, 1967: 3.
2 Friedrich Engels, The Condition of the Working-Class in England in 1844, London: Penguin Classics, 2009; Georg Simmel, "The Metropolis and Mental Life", in David Levine, ed., On *Individualism and Social Forms*, Chicago: Chicago University Press, 1971.
3 Mike Davis, Planet of Slums, London: Verso, 2006.
4 David Harvey, The Enigma of Capital, and The Crises of Capitalism, London: Profile Books, 2010.
5 David Harvey, Paris, Capital of Modernity, New York: Routledge, 2003.

6 Robert Moses,"What Happened to Haussmann", Architectural Forum 77(July 1942):57-66;Robert Caro, The Power Broker: Robert Moses and the Fall of New York, New York: Knopf, 1974.

7 Henri Lefebvre, The Urban Revolution, Minneapolis: University of Minnesota Press, 2003.

8 William Tabb, The Long Default: New York City and the Urban Fiscal Crisis, New Cork: Monthly Review Press, 1982; David Harvey, A Brief History of Neoliberalism, Oxford: OUP, 2005.

9 Thomas Campanella, The Concrete Dragon: China's Urban Revolution and What it Means for the World, Princeton, N. J.: Princeton Architectural Press, 2008.

10 Harvey, A Brief History of Neoliberalism; Thomas Edsall, The New Politics of Inequality, New York: Norton, 1985.

11 Friedrich Engels, The Housing Question, New York: *International Publishers* (1935):74-7.

12 Jim Yardley and Vikas Bajaj,"Billionaires' Ascent Helps India, and Vice Versa"; *New York Times*, July 27, 2011.

13 Marcello Balbo, "Urban Planning and the Fragm Ented City of Developing Countries"; *Third World Planning Review* 15:1(1993):23-5.

14 Friedrich Engels, The Housing Question, New York: International Publishers (1935):74-7.

15 Marshall Berman, All That Is Solid Melts Into Air, London: Penguin, 1988.

16 Friedrich Engels, The Housing Question: 23.

17 Usha Ramanathan, "I Ilegality and the Urban Poor: Economic and Political Weekly", July 22, 2006; Rakesh Shukla, "Rights of the Poor: An Overview of Supreme Court"; *Economic and Political Weekly*, September 2, 2006.

18 This idea mainly originated Hernando de Soto, The Mystery of Capital: Why Capitalism Triumphs in the West and Fails Everywhere Else, New York: Basic Books, 2000; Also sea Timothy Mitchell Mitchell's critical study, "The Work of Economics: How a Discipline Makes its World"; *Archives Europeennes de Sociologie* 46:2(2005):297-320.

19 Julia Elyachar, Markets of Dispossession: NGOs, Economic Development, and the State in Cairo, Chapel Hill, N. C.: Duke University Press, 2005.

20 Ananya Roy, Poverty Capital: Microfinance and the Making of Development,

New York: Routledge, 2010; C. K. Prahalad, The Fortune at the Bottom of the Pyramid: *Eradicating Poverty Through Profits*, New York: Pearson Prentice Hall, 2009.

21 Scott Larson, "Building Like Moses with Jane Jacobs in Mind"; PhD dissertation, Earth and Environmental Sciences Program, City University of New York, 2010.

第二章 资本主义危机的城市根源

1 Robert Shiller, "Housing Bubbles are Few and Far Between"; *New York Times*, February 5, 2011.
2 "It is indeed shocking"; writes Charles Leung, in "Macroeconomics and Housing: A Review of the Literature"; Journal of Housing Economics 13 (2004): 249-67, "that there has been so little overlap and interaction between the macroeconomics and the housing literature".
3 *World Development Report* 2009: Reshaping Economic Geography, Washington, D. C.: World Bank, 2009; David Harvey, "Assessment: Reshaping Economic Geography: The World Development Report"; Development and Change Forum 2009, 40:6(2009):1, 269-78.
4 *World Development Report*: 206. Three of the authors of the report subsequently responded to criticisms from geographers, but avoided any consideration of the foundational criticisms I raised (such as that "land is not a commodity"; and that there is an unexamined relation between macroeconomic crises and housing and urbanization policies), on the astonishing grounds that all I was really claiming was "that the recent sub-prime mortgage crisis in the USA implies that housing finance has no role to play in addressing shelter needs of the poor in developing countries"; and that this was, in their opinion, "outside the realm of the report": They therefore totally ignored the main thrust of my criticism. See Uwe Deichmann, Indermit Gill and Chor-Ching Goh, "Texture and Tractability: The Fram ework for Spatial Policy Analysis in the *World Development Report* 2009"; *Cambridge Journal of Regions*, Economy and Society 4:2

(2011):163-74. The one group of economists who have long seen the significance of how "real estate values and construction have peaked shortly before major depres sions" and "played a major role in creating the boom and the subsequent bust" are followers of Henry George, but unfortunately they are also totally ignored by mainstream economists. See Fred Foldvary,"Real Estate and Business Cycles:Henry George's Theory of the Trade Cycle";paper presented at the Lafayette College Henry George Conference,June 13,1991.

5 Graham Turner, The Credit Crunch: Housing Bubbles, Globalisation and the Worldwide Economic Crisis, London: Pluto, 2008; David Harvey, The Condition of Postmodernity, Oxford:Basil Blackwell,1989:145-146,169.

6 Cf. David Harvey, The New Imperialism, Oxford: OUP, 2003: 113, where I pointed out that some 20 percent of GOP growth in the United States in 2002 was attributable to mortgage refinancing, and that even at that time the "potential bursting of the property bubble" was therefore "a matter of serious concern".

7 William Tabb, The Long Default:New York City and the Urban Fiscal Crisis, New York: Monthly Review Press, 1982; David Harvey, A Brief History of Neoliberalism,Oxford:OUP,2005;Ashok Bardhan and Richard Walker,"California, Pivot of the Great Recession"; UC Berkeley, C. A.: *Institute for Research on Labor and Employment*,2010.

8 William Goetzmann and Frank Newman,"Securitization in the 1920s";Working Papers, *National Bureau of Economic Research*,2010;Eugene White,"Lessons from the Great American Real Estate Boom and Bust of the 1920s";Working Papers, *National Bureau of Economic Research*, 2010;Kenneth Snowden, "The Anatomy of a Residential Mortgage Crisis:A Look Back to the 1930s";Working Papers,*National Bureau of Economic Research*, 2010. A central conclusion they all draw is that greater awareness of what then happened would surely have helped policymakers avoid the chronic mistakes of recent times-an observation that the World Bank economists might want to take to heart. In a paper published in 1940"Residual,Differential and Absolute Urban Ground Rents and Their Cyclical Fluctuations"; Econometrica 8(1940):62-78-Karl Pribam showed how "construction in Great Britain and Germany anticipated business contraction or expansion by one to three years" in the period before World War I.

9 See the measured evaluations and contributions of Brett Christophers:"On Voodoo Economics: Theorising Relations of Property, Value and Contemporary Capitalism"; Transactions, Institute of British Geographers, New Series, 35(2010): 94-108; "Revisiting the Urbanization of Capital"; Annals of the Association of American Geographers 101(2011):1-18.

10 Karl Marx, Grundrisse, London: Penguin, 1973:88-100.

11 David Harvey,"History versus Theory: A Commentary on Marx's Method in Capital"; forthcoming in Historical Materialism.

12 Karl Marx, Capital, Volume 2, London: Penguin, 1978:357. My emphasis.

13 Marx, Grundrisse:89.

14 Mario Tronti, "The Strategy of Refusal"; Turin: Einaudi, 1966, English translation at Libcom. org; Antonio Negri, Marx Beyond Marx: *Lessons on the Grundrisse*, London: Automedia, 1989.

15 Karl Marx, Capital, Volume 3, London: *Penguin*, Chapters 24 and 25.

16 Marx, Capital, Volume 3:597; Geoffrey Harcourt, Some Cambridge Controversies in the Theory of Capital, Cambridge: CUP, 1972. My emphasis.

17 Marx, Capital, Volume 3:573. Both Isaac and Emile, incidentally, were part of the utopian Saint-Simonian movement prior to 1848.

18 David Harvey, The Urban isation of Capital, Oxford: Blackwell, 1985; and The Enigma of Capital, And the Crises of Capitalism, London: Profile Books, 2010; Brett Christophers, "Revisiting the Urbanization of Capital"; Annals of the Association of American Geographers 101:6(2011):1-11.

19 Brinley Thomas, Migration and Economic Growth: A Study of Great Britain and the Atlantic Economy, Cambridge: CUP, 1973.

20 Leo Grebler, David Blank, and Louis Winnick, Capital Formation in Residential Real Estate, Princeton, N. J.: Princeton University Press, 1956.

21 The devastating and unseemly details of all this are spelled out in Gretchen Morgenson and Joshua Rosner, Reckless Endangerment: How Outsized Ambition, Greed and Corruption Led to Economic Armageddon, New York: *Times Books*, 2011.

22 Marx, Capital, Volume 3, Chapter 25.

23 Marx, Capital, Volume 1, London: *Penguin*, 1973:793 similarly notes how capital can manipulate both the demand for and supply of surplus labor

through, for example, investment and technologically induced unemployment.
24 Michael Lewis, The Big Short: Inside the Doomsday Machine, New York: Norton, 2010: 34.
25 Marx, Capital, Volume 3: 597.
26 John Logan and Harvey Molotch, Urban Fortunes: The Political Economy of Place, Berkeley, CA: University of California Press, 1987.
27 Lewis, *The Big Short*: 141.
28 Lewis, *The Big Short*: 93.
29 wikipedia. org: "Cities in the Great Depression".
30 Martin Boddy, The Building Societies, London: Macmillan, 1980.
31 Binyamin Appelbaum, "A Recovery that Repeats Its Painful Precedents"; New York Times Business Section, July 28, 2011
32 The Kerner Commission, Report of the National Advisory Commission on Civil Disorders, Washington, D. C.: Government Printing Office, 1968.
33 Appelbaum, "A Recovery that Repeats Its Painful Precedents".
34 Jonathan Weisman, "Reagan Policies Gave Green Light to Red Ink"; *Washington Post*, June 9, 2004: All; William Greider, "The Education of David Stockman"; *Atlantic Monthly*, December 1981.
35 Warren Buffett, interviewed by Ben Stein, "In Class Warfare, Guess Which Class Is Winning"; New York Times, November 26, 2006; David Stockman, "The Bipartisan March to Fiscal Madness"; New York Times, April 23, 2011.
36 Karl Marx and Friedrich Engels, The Communist Manifesto, London: Pluto Press, 2008: 4.
37 Barbara Ehrenreich and Dedrich Muhammad, "The Recession's Racial Divide"; *New York Times*, September 12, 2009.
38 Morgenson and Rosner, Reckless Endangerment.
39 Kevin Chiu, "Illegal Foreclosures Charged in Investigation"; Housing Predictor, April 24, 2011.
40 Lynne Sagalyn, "Mortgage Lending in Older Neighborhoods"; Annals of the American Academy of Political and Social Science 465 (January, 1983): 98-108; Manuel Aalbers, ed., Subprime Cities: The Political Economy of Mortgage Markets, New York: John Wiley, 2011.
41 Annette Bernhardt, Ruth Milkman, Nik Theodore, Douglas Heckathorn, Michael

Auer, James DeFillippis, Ana Gonzalez, Victor Narro, Jason Perelshteyn, Diana Polson, and Michael Spiller, Broken Laws, Unprotected Workers: Violations of Employment and Labor Laws in Americas Cities, New York: National Employment Law Project, 2009.

42 Keith Bradsher, "China Announces New Bailout of Big Banks"; *New York Times*, January 7, 2004.

43 For a general overview, see Thomas Campanella, The Concrete Dragon: China's Urban Revolution and What it Means for the World, Princeton, N. J.: Princeton Architectural Press, 2008. I also tried to assemble a general picture of China's urbanization in Chapter 5 of *A Brief History of Neoliberalism*.

44 David Barboza, "Inflation in China Poses Big Threat to Global Trade"; *New York Times*, April 17, 2011; Jamil Anderlini, "Fate of Real Estate Is Global Concern"; *Financial Times*, June 1, 2011; Robert Cookson, "China Bulls Reined in by Fears on Economy"; *Financial Times*, June 1, 2011.

45 Keith Bradsher, "China's Economy is Starting to Slow, but Threat of Inflation Looms"; *New York Times*, Business Section, May 31, 2011.

46 Wang Xiaotian, "Local Governments at Risk of Defaulting on Debt"; *China Daily*, June 28, 2011; David Barboza, "China's Cities Piling Up Debt to Fuel Boom"; *New York Times*, July 7, 2011; Wang Xiaotian, "Local Governments at Risk of Defaulting on Debt"; *China Daily*, June 28, 2011; David Barboza, "China's Cities Piling Up Debt to Fuel Boom"; New York Times, July 7, 2011.

47 David Barboza, "A City Born of China's Boom, Still Unpeopled"; *New York Times*, October 20, 200.

48 Jamil Anderlini, "Fate of Real Estate is Global Concern"; *Financial Times*, June 1, 2011.

49 International Monetary Fund/International Labour Organization, The Challenges of Growth, Employment and Social Cohesion, Geneva: International Labour Organization, 2010.

50 Keith Bradsher, "High-Speed Rail Poised to Alter China, but Costs and Fares Draw Criticism"; *New York Times*, June 23, 2011.

51 Peter Martin and David Cohen, "Socialism 3.0 in China": the-diplomat.com; Anderlini, "Fate of Real Estate is Global Concern".

第三章 创造城市共享资源

1 Garrett Hardin,"The Tragedy of the Commons";*Science* 162(1968);I,243-8; B. McCay and J. Acheson, eds, The Question of the Commons: The Culture and Ecology of Communal Resources, Tucson, A. Z.: University of Arizona Press,1987.
2 It is astonishing how many left analysts get Hardin totally wrong on this point. Thus, Massimo de Angelis, The Beginning of History: Value Struggles and Global Capital, London: Pluto Press, 2007: 134, writes that "Hardin has engineered a justification for privatization of the commons space rooted in an alleged natural necessity".
3 Elinor Ostrom, Governing the Commons: The Evolution of Institutions for Collective Action, Cambridge: CUP, 1990.
4 Eric Sheppard and Robert McMaster, eds, Scale and Geographic Inquiry, Oxford: Blackwell, 2004.
5 One anarchist theorist who does take this problem seriously is Murray Bookchin, in Remaking Society: Pathways to a Green Future, Boston, M. A.: South End Press, 1990; and Urbanization without Cities: The Rise and Decline of Citizenship, Montreal: *Black Rose Books*, 1992. Marina Sitrin, Horizontalism: Voices of Popular Power in Argentina, Oakland, C. A.: A. K. Press, 2006, provides a stirring defense of anti-hierarchical thinking. See also Sara Motta and Alf Gunvald Nilson, Social Movements in the Global South: Dispossession, Development and Resistance, Basingstoke, Hants: Palgrave Macmillan, 2011. A leading theorist of this hegemonic anti-hierarchical view on the left is John Holloway, Change the World without Taking Power, London: Pluto Press, 2002.
6 Jacques Ranciere, cited in Michael Hardt and Antonio Negri, Commonwealth, Cambridge, M. A.: Harvard University Press, 2009: 350.
7 Elizabeth Blackmar, "Appropriating 'the Common': The Tragedy of Property Rights Discourse"; in Setha Low and Neil Smith, eds, The Politics of Public Space, New York: Routledge, 2006.

8 Margaret Kohn, Radical Space: Building the House of the People, Ithaca, N. Y.: Cornell University Press, 2003.
9 Charlotte Hess and Elinor Ostrom, Understanding Knowledge as a Commons: From Theory to Practice, Cambridge, M. A.: MIT Press, 2006.
10 Hardt and Negri, Commonwealth: 137-9.
11 Martin Melosi, The Sanitary City: Urban Infrastructure in America from Colonial Times to the Present, Baltimore, M. D.: Johns Hopkins, 1999.
12 Anthony Vidler, "The Scenes of the Street: Transformations in Ideal and Reality, 1750-1871"; in Stanford Anderson, On Streets: Streets as Elements of Urban Structure, Cambridge, M. A.: MIT Press, 1978.
13 *World Development Report* 2009: Reshaping Economic Geography, Washington, D. C.: World Bank, 2009; Ananya Roy, Poverty Capital: Microfinance and the Making of Development, New York: Routledge, 2010.
14 Ronald Meek, Studies in the Labour Theory of Value, New York: Monthly Review Press, 1989.
15 Ellen Meiksins Wood, Empire of Capital, London: Verso, 2005.
16 Karl Marx, Capital, Volume 1, New York: Vintage, 1977: 169-70.
17 Ibid., 171.
18 Ibid., 714.
19 Robin Blackburn, "Rudolph Meidner, 1914-2005: A Visionary Pragmatist"; Counterpunch, December 22, 2005.
20 Hardt and Negri have recently revived general interest in this important idea (Commonwealth: 258).
21 United Workers Organization and National Economic and Social Rights Initiative, Hidden in Plain Sight: Workers at Baltimore's Inner Harbor and the Struggle for Fair Development, Baltimore and New York, 2011; Sian Lazar, El Alto, Rebel City: Self and Citizenship in Andean Bolivia, Durham, N. C.: Duke University Press, 2010.
22 Karl Marx, Capital, Volume 1: 638.
23 David Harvey, The Enigma of Capital, And the Crises of Capitalism, London: Profile Books, 2010.
24 Elinor Ostrom, "Beyond Markets and States: Polycentric Governance of Complex Economic Systems"; *American Economic Review* 100(3): 200, 641-72.

25 Elinor Ostrom,"Polycentric Approach for Coping with Climate Change"; Background Paper to the 2010 World Development Report, Washington, D. C.;World Bank,*Policy Research Working Paper* 5095,2009.
26 Andrew Sancton, The Assault on Local Government, Montreal; McGillQueen's University Press,2000;167(cited in Ostrom,"Polycentric Approach for Coping with Climate Change").
27 Vincent Ostrom,"Polycentricity-Part 1";in Michael McGinnis,ed,Polycentricity and Local Public Economies,Ann Arbor,M. I.;University of Michigan Press,1999(cited in Ostrom,"Polycentric Approach for Coping with Climate Change").
28 Charles Tie bout,"A Pure Theory of Local Expenditures";*Journal of Political Economy* 64;5(1956);416-24.
29 Murray Bookchin, Urbanization Without Cities; The Rise and Decline of Citizenship,Montreal;*Black Rose Books*,1992;Chapters 8 and 9.
30 Silvia Federici,"Women,Land Struggles and the Reconstruction of the Commons";Working USA; The Journal of Labor and Society 14(2011);41-56.

第四章　地租的艺术

1 The condition of postmodernity,Oxford;Basil Blackwell,1989,pp. 290-1;347-9;Brandon Taylor, Modernism, postmodernism, realism; a critical perspective for art,Winchester;Winchester School of Art Press,1987,p.77.
2 The general theory of rent to which I am appealing is presented in David Harvey,The Limits to Capital,Oxford;Basil Blackwell,1982;Chapter 11.
3 Karl Marx, Capital, Volume 3, New York; International Publishers, 1967; 774-5.
4 Cited in Douglas Kelbaugh,Common Place,Seattle; University of Washington Press,1997;51.
5 Wolfgang Haug, "Commodity Aesthetics"; Working Papers Series,Department of Comparative American Cultures,Washington State University,2000;13.
6 Marx's views on monopoly rent are summarized in Harvey, *The Limits to*

Capital;Chapter 5.

7 Alfred Chandler, The Visible Hand; The Managerial Revolution in American Business, Cambridge, M. A. ; Harvard University Press, 1977.

8 Marx, Capital, Volume 3; 246. See also Harvey, *The Limits to Capital*; Chapter 5.

9 Karl Marx, Grundrisse, Harmondsworth; Penguin, 1973; 524-39. For a general expansion of this argument, see Harvey, *The Limits to Capital*; Chapter 12; and David Harvey, The Condition of Postmodernity, Part 3; and for a specific application of the concept see William Cronon, Nature's Metropolis, New York; Norton, 1991.

10 Tahbilk Wine Club, Wine Club Circular 15 (June, 2000), Tahbilk Winery and Vineyard, Tahbilk, Victoria, Australia.

11 William Langewiesche, "The Million Dollar Nose"; *Atlantic Monthly* 286; 6 (December 2000); 11-22.

12 Bob Jessop, "An Entrepreneurial City in Action; Hong Kong's Emerging Strategies in Preparation for (Inter-) Urban Competition"; *Urban Studies* 37; 12(2000); 2,287-313; David Harvey, "From Managerialism to Entrepreneurialism; The Transformation of Urban Governance in Late Capitalism"; *Geografiska Annaler* 71B (1989); 3-17; Neil Brenner, Spaces of Neoliberalism; Urban Restucturing in North America and Western Europe, Oxford; Wiley-Blackwell, 2003.

13 See Kevin Cox, ed, Spaces of Globalization; Reasserting the Power of the Local, New York; Guilford Press, 1997.

14 John Logan and Harvey Molotch, Urban Fortunes; The Political Economy of Place, Berkeley; University of California Press, 1988.

15 Pierre Bourdieu, Distinction; A Social Critique of the Judgement of Taste, London; *Routledge & Kegan Paul*, 1984.

16 Miriam Greenberg, Branding New York; How a City in Crisis Was Sold to the World, New York; Routledge, 2008.

17 Donald McNeill, Urban Change and the European Left; Tales from the New Barcelona, New York; Routledge, 1999.

18 Argyro Loukaki, "Whose Genius Loci; Contrasting Interpretations of the Sacred Rock of the Athenian Acropolis"; *Annals of the Association of*

American Geographers 87:2(1997):306-29.
19 Rebecca Abers,"Practicing Radical Democracy: Lessons from Brazil"; Plurimondi 1:2(1999):67-82; Ignacio Ramonet,"Porto Alegre"; Le Monde Diplomatique 562:1(January 2001).

第五章　开拓反资本主义斗争的城市

1 The saying "city air makes one free" comes from medieval times, when incorporated towns with charters could function as "non-feudal islands in a feudal sea": The classic account is Henri Pirenne, Medieval Cities, Princeton, N. J.: Princeton University Press, 1925.
2 Stephen Graham, Cities Under Siege: The New Military Urbanism, London: Verso, 2010.
3 Kevin Jonson and Hill Ong Hing, "The Immigrants Rights Marches of 2006 and the Prospects for a New Civil Rights Movement"; Harvard Civil Rights-Civil Liberties Law Review 42:99-138.
4 Thomas Mertes, ed, A Movement of Movements, London: Verso, 2004; Sara Motta and Alf Gunvald Nilson, eds, Social Movements in the Global South: Dispossession, Development and Resistance, Basingstoke, Hants: Palgrave Macmillan, 2011.
5 Karl Marx and Vladimir Lenin, The Civil War in France: The Paris Commune, New York: International Publishers, 1989.
6 Mario Tronti, "Workers and Capital"; at libcom. org, first published in Italian, 1971.
7 Immanuel Ness and Dario Azzelini, eds, Ours to Master and to Own: Workers' Control from the Commune to the Present, London: Haymarket Books, 2011.
8 Karl Marx, Capital, Volume 2, London: Penguin, 1978; David Harvey, A Companion to Marx's Capital, Volume 2, London: Verso, forthcoming.
9 David Harvey, A Brief History of Neoliberalism, Oxford: OUP, 2005.
10 Murray Bookchin, Urbanization Without Cities: The Rise and Decline of Citizenship, Montreal: Black Rose Books, 1992.

11 David Graeber, Direct Action: An Ethnography, Oakland, C. A.: A. K. Press, 2009:239. See also Ana Dinerstein, Andre Spicer, and Steffen Bohm, "The (Im)possibilities of Autonomy, Social Movement in and Beyond Capital, the State and Development"; Non-Governmental Public Action Program, Working Papers, London: *School of Economics and Political Science*, 2009.

12 Mondragon is one of the most instructive cases of worker selfmanagement that has stood the test of time. Founded under fascism in 1956 as a worker-cooperative in the Basque Country of Spain, it now has some 200 enterprises throughout Spain and into Europe. In most cases the difference in remuneration among the shareholders is limited to 3:1, compared to around 400:1 in most US corporations (though in some instances in recent years the ratios within Mondragon have risen to 9:1). The corporate enterprise operates across all three circuits of capital by setting up credit institutions and retail outlets in addition to production units. This may be one of the reasons it has survived. Left critics complain at the lack of solidarity with labor struggles more generally, and point to some of its exploitative corporatist sub-contracting practices and the internal efficiency measures needed to keep the corporation competitive. But if all capitalist enterprises were of this sort, we would be living in a very different world. It cannot easily be dismissed. George Cheney, Values at Work: Employee Participation Meets Market Pressure at Mondragon, Ithaca, N.Y.: ILR Press, 1999.

13 Manuel Castells, The City and the Grassroots, Berkeley, C. A.: University of California Press, 1983; Roger Gould, Insurgent Identities: Class, Community, and Protest in Paris from 1848 to the Commune, Chicago: University of Chicago Press, 1995. For my rebuttal of these arguments, see David Harvey, Paris, Capital of Modernity, New York: Routledge, 2003.

14 John Tully, "Green Bans and the BLF: The Labour Movement and Urban Ecology"; International Viewpoint IV 357 (March 2004).

15 Michael Wines, "Shanghai Truckers' Protest Ebbs with Concessions Won on Fees"; New York Times, April 23, 2011; Jacqueline Levitt and Gary Blasi, "The Los Angeles Taxi Workers Alliance"; in Ruth Milkman, Joshua Bloom, and Victor Narro, eds, Working for Justice: The LA Model of Organizing and Advocacy, Ithaca, N.Y.: Cornell University Press, 2010:109-24.

16 Excluded Workers Congress, Unity for Dignity: Excluded Workers Report, New York, Excluded Workers Congress, c/o Inter-Alliance Dialogue, December, 2010.

17 Margaret Kohn, Radical Space: Building the House of the People, Ithaca, N. Y.: Cornell University Press, 2003.

18 Edward Thompson, The Making of the English Working Class, Harmondsworth, Middlesex: Penguin Books, 1968.

19 Peter Ranis, "Argentina's Worker-Occupied Factories and Enterprises"; Socialism and Democracy 19: 3 (November 2005): 1-23; Carlos Forment, "Argentina's Recuperated Factory Movement and Citizenship: An Arendtian Perspective"; Buenos Aires: Centro de Investigacion de Ia Vida Publica, 2009; Marcela Lopez Levy, We Are Millions: Neo-liberalism and New Forms of Political Action in A rgentina, London: Latin America Bureau, 2004.

20 Forrest Stuart, "From the Shop to the Streets: Unite Here Organizing in Los Angeles Hotels"; in Ruth Milkman, Joshua Bloom, and Victor Narro, eds, Working for Justice: The LA Model of Organizing and Advocacy, Ithaca, N. Y.: Cornell University Press, 2010.

21 Huw Beynon, Digging Deeper: Issues in the Miner's Strike, London: Verso, 1985.

22 Dana Frank, Purchasing Power: Consumer Organizing, Gender, and the Seattle Labor Movements, 1919-29, Cambridge: CUP, 1994.

23 Peter Whoriskey, "Wealth Gap Widens between Whites, Minorities, Report Says"; *Washington Post*, Business Section, July 26, 2011.

24 James Lorence, The Suppression of Salt of the Earth: How Hollywood, Big Labor and Politicians Blacklisted a Movie in Cold War America, Albuquerque: University of New Mexico Press, 1999. The film can be downloaded for free.

25 Bill Fletcher and Fernando Gapasin, Solidarity Divided: The Crisis in Organized Labor and a New Path Toward Social Justice, Berkeley, C. A.: University of California Press, 2008: 174.

26 Ibid.

27 Max Jaggi, Red Bologna, Littlehampton: Littlehampton Book Services, 1977; Helmut Gruber, Red Vienna: *Experiment in Working-Class Culture*, 1919-34, Oxford: OUP, 1991.

28 Rebecca Abers, Inventing Local Democracy: Grassroots Politics in Brazil, Boulder, Co.: Lynne Reinner Publisher, 2000. On the living wage movement, see Robert Pollin, Mark Brenner, and Jeanette Wicks-Lim, A Measure of Fairness: The Economics of Living Wages and Minimum Wages in the United States, Ithaca, N.Y.: Cornell University Press, 2008. For a particular case, see David Harvey, Spaces of Hope, Edinburgh: Edinburgh University Press, 2000; Ana Sugranyes and Charlotte Mathivet, eds, Cities for All: Proposals and Experiences Towards the Right to the City, Santiago, Chile: Habitat International Coalition, 200.

29 Peter Marcuse, "Two World Forums, Two Worlds Apart"; at www. plannersnetwork. org.

30 Murray Bookchin, The Limits of the City, Montreal: *Black Rose Books*, 1986.

31 The history of this trend begins with Patrick Geddes, Cities in Evolution, Oxford: Oxford University Press (first published in 1915), and passes mainly through the influential figure of Lewis Mumford, in his The City in History: Its Origins, Its Transformations, and Its Prospects, Orlando, FL: Harcourt, 1968.

32 Ray Pahl, Divisions of Labour, Oxford: Basil Blackwell, 1984.

33 Anatole Kopp, Villeet Revolution, Paris: Editions Anthropos, 1967.

34 Gerald Frug, City Making: Building Communities without Building Walls, Princeton, N.J.: Princeton University Press, 1999; Neil Brenner and Nik Theodore, Spaces of Neoliberalism: Urban Restructuring in North America and Western Europe, Oxford: Wiley Blackwell, 2003.

35 Jeffrey Webber, From Rebellion to Reform in Bolivia: Class Struggle, Indigenous Liberation, and the Politics of Evo Morales, Chicago: *Haymarket Books*, 2011. Several Spanish-language sources are cited in Michael Hardt and Antonio Negri, Commonwealth, Cambridge, M.A.: Harvard University Press, 2009.

36 Arturo Escobar, Territories of Difference: Place, Movement, Life, Redes, Durham, N. C.: Duke University Press, 2008.

37 Federico Fuentes, "Government, Social Movements, and Bolivia Today"; *International Socialist Review* 76 (March-April, 2011); and the reply in the same issue by Jeffrey Webber, "Fantasies Aside, It's Reconstituted Neoliberalism in Bolivia Under Morales".

38 Ibid., 48.

39 Lesley Gill, Teetering on the Rim: Global Restructuring, Daily Life, and the Armed Retreat of the Bolivian State, New York: Columbia University Press, 2000; Sian Lazar, El Alto, Rebel City: Self and Citizenship in Andean Bolivia, Durham, N.C.: Duke University Press, 2010.
40 What follows is a composite account based on Gill, Teetering on the Rim, and Lazar, El Alto, Rebel City.
41 Gill, Teetering on the Rim: 69.
42 Ibid.: 74-82.
43 Lazar, El Alto, Rebel City: 252-4. The theory of agonistic relations within social movements is elaborated in Chantal Mouffe, On the Political, London: Routledge, 2005.
44 Lazar, El Alto, Rebel City: 178. My emphasis.
45 Hardt and Negri, *Commonwealth*: 110.
46 Lazar, El Alto, Rebel City: 181, 258.
47 Ibid.: 178.
48 Ibid.: 180.
49 Ibid.: 260.
50 Ibid.: 63.
51 Ibid.: 34.
52 Murray Bookchin, Remaking Society: Pathways to a Green Future, Boston, M.A.: South End Press, 1990; "Libertarian Municipalism: An Overview": Society and Nature 1(1992): 1-13; Elinor Ostrom, "Beyond Markets and Status: Polycentric Governance of Complex Economic Systems": *American Economic Review* 100(2010): 641-72.
53 Hardt and Negri, Commonwealth.
54 Iris Marion Young, Justice and the Politics of Difference, Princeton, N.J.: Princeton University Press, 1990.

图书在版编目(CIP)数据

叛逆的城市:从城市权利到城市革命/(美)哈维著;叶齐茂,倪晓晖译. —北京:商务印书馆,2014(2016.9 重印)
ISBN 978-7-100-10473-9

Ⅰ.①叛… Ⅱ.①哈…②叶…③倪… Ⅲ.①城市化—研究 Ⅳ.①F291.1

中国版本图书馆 CIP 数据核字(2013)第 283187 号

所有权利保留。
未经许可,不得以任何方式使用。

叛逆的城市
——从城市权利到城市革命

〔美〕戴维·哈维 著
叶齐茂 倪晓晖 译

商 务 印 书 馆 出 版
(北京王府井大街36号 邮政编码100710)
商 务 印 书 馆 发 行
北 京 冠 中 印 刷 厂 印 刷
ISBN 978-7-100-10473-9

2014 年 6 月第 1 版　　开本 880×1230 1/32
2016 年 9 月北京第 2 次印刷　印张 6½
定价:30.00 元